Études bibliques pour enfants

ACTES

Les Études Bibliques pour Enfants: Actes
Originally published in English as
Bible Studies for Children: Acts
© 2012 Nazarene Publishing House

This edition published by arrangement
with Nazarene Publishing House
All rights reserved.

ISBN 978-1-56344-735-8

Éditeur de la version anglaise: William A. Rolfe
Rédacteur en chef de l'anglais global: Allison L. G. Southerland
Directeur en chef des versions non-anglaises: Allison L.G. Southerland
Comité editorial: Dan Harris, Jenni Monteblanco, Nate Owens,
Beula Postlewait, Linda Stargel et Scott Stargel

Traduction: Georges Carole

Couverture: « Philippe et l'Éthiopien découvrent la bonne nouvelle » par Greg White

Directeur International des Ministères de l'École du Dimanche et
la Formation des Disciples: Woodie J. Stevens

Publié par
Les publications de KidzFirst
17001 Prairie Star Parkway
Lenexa, KS 66220 (USA)

Sauf indication contraire, les Écritures sont prises de la Sainte Bible: Louis Second.

Le premier concours biblique pour enfants, créé par le révérend William (Bill) Young, a été introduit par trois équipes de démonstration du district de Kansas City – Kansas City First, Kansas City St.Paul et Overland Park – à la Convention Générale de 1968 pour la Société des Jeunes Personnes Nazaréennes à Kansas City, Missouri aux États-Unis.

BIENVENUE !

Bienvenue aux *Études bibliques pour enfants: Actes des Apôtres!* Avec ce receuil des études bibliques, les enfants apprennent comment les disciples de Jésus ont répandu l'amour de Dieu au monde entier ! Le livre des Actes des Apôtres, a été écrit par un médecin du nom de Luc, qui a voyagé avec Paul. Il parle de la résurrection de Jésus et son ascension, le don du Saint-Esprit et le commencement de l'Église. Il nous raconte aussi, quand, et où, le mot chrétien a été utilisé pour la première fois. Le livre des Actes des Apôtres nous fait savoir comment les chrétiens, aujourd'hui, peuvent continuer de répandre la bonne nouvelle au sujet de l'amour de Dieu.

Les *Études bibliques pour enfants: Actes des Apôtres* est l'un de six livres dans la série, *Études bibliques pour enfants*. Ces études aident les enfants à comprendre la chronologie biblique, aussi bien que la signification des événements bibliques. Alors que les enfants apprennent au sujet des vies des personnes dans ces études, ils découvrent l'amour de Dieu pour toutes les personnes et leur place dans son plan. Dieu utilise quelquefois des miracles pour achever ses buts. Il travaille souvent à travers les personnes pour accomplir ce qu'il veut faire.

La philosophie des *Études bibliques pour enfants* est d'aider à comprendre ce que la Bible dit, apprendre comment Dieu a aidé les personnes, et de grandir dans leur relation avec Dieu. Le tout s'accomplit en étudiant la Bible, en apprenant des versets à retenir, et en appliquant des enseignements bibliques dans leurs vies quotidiennes. Ces études utilisent la version Louis Second pour les versets à retenir.

LES LIVRES

Ci-dessous se trouvent des descriptions courtes des livres en série, et comment ils se rapportent l'un à l'autre.

Genèse. Ce livre pourvoit à la fondation. Ce livre raconte que Dieu a créé le monde du néant, a formé l'homme et la femme, et a créé un beau jardin pour eux. Ces personnes ont péché et ils ont subi les conséquences de leur péché. Genèse introduit le projet de Dieu pour réconcilier la relation brisée entre lui et les personnes. Il introduit Adam, Ève, Noé, Abraham, Isaac, et Jacob. Dieu a fait alliance avec Abraham et l'a renouvelée avec Isaac et Jacob. Genèse se termine par l'histoire de Joseph qui a sauvé la civilisation de la famine. La famine a forcé le peuple de Dieu à se rendre en Égypte.

Exode. Ce livre raconte comment Dieu a continué de garder sa promesse à Abraham. Il a libéré les Israélites de l'esclavage en Égypte. L'Éternel a choisit Moïse pour les guider. Le Seigneur a établi sa royauté sur eux. Il les a dirigés et gouvernés à travers l'établissement du sacerdoce et le tabernacle, les dix commandements et autres lois, les prophètes ainsi que les juges. A la fin d'Exode, seulement une partie de l'alliance du Seigneur avec Abraham est achevée.

Josué/Juges/Ruth. Ces livres racontent que Dieu a achevé son alliance avec Abraham qui a commencé en Genèse. Enfin, les Israélites ont envahi et se sont installés dans le pays que Dieu avait promis à Abraham. Les prophètes, les prêtes, la loi et les rites d'adoration ont tous declarés que Dieu était le Seigneur et Roi des Israélites. Les douze tribus d'Israël se sont installés dans la terre promise. Cette étude met l'accent sur ces juges: Déborah, Gédéon et Samson.

1 et 2 Samuel. Dans ces livres, les Israélites ont voulu un roi parce que les autres nations avaient des rois. Ces livres racontent les histoires de Samuel, Saül et David. Jérusalem est devenu le centre uni de la nation d'Israël. Cette étude montre comment les personnes réagissent différemment, quand elles sont confrontées avec leurs péchés. Tandis que Saül a blâmé les autres, ou bien a trouvé des excuses, David a admis son péché et a demandé pardon à Dieu.

Matthieu. Ce livre est le point focal de toute la série. Il se concentre sur la naissance, la vie et le ministère de Jésus. Tous les livres précédents de la série ont indiqué que Jésus est le Fils de Dieu et le Messie. Jésus a inauguré une nouvelle ère. Les enfants apprennent à propos de cette nouvelle ère dans plusieurs événements : ses enseignements, sa mort, sa résurrection et son encadrement avec ses disciples. À travers Jésus, Dieu a fourni une nouvelle manière pour les personnes d'avoir une relation avec lui.

Au début du livre des **Actes des Apôtres**, Jésus est monté au ciel et Dieu a envoyé le Saint-Esprit pour aider l'Église. La bonne nouvelle du salut en Jésus-Christ s'est répandue dans plusieurs régions du monde. Les croyants ont prêché l'Evangile aux païens et l'œuvre missionnaire a commencé. Le message de l'amour de Dieu a transformé les juifs aussi bien que les païens. Il y a un rapport direct entre les efforts d'évangélisation de Paul et Pierre, et les vies des personnes d'aujourd'hui.

LE CYCLE

Le cycle d'étude suivant est suggéré, en particulier, pour ceux qui prendront part aux concours facultatifs sur les *Études bibliques pour enfants*. Vous allez trouver des informations supplémentaires, (aux pages 160-172) à ce sujet, dans la section appelée « Le concours biblique pour enfants. »

* Actes (2012-13)

    Genèse (2013-14)

    Exode (2014-15)

    Josué/Juges/Ruth (2015-16)

* 1 et 2 Samuel (2016-17)

    Matthieu (2017-18)

* Veut dire une année où il y aura un concours mondial.

LE PROGRAMME

Les *Études bibliques pour enfants* comprennent vingt études. Prévoyez 1 à 2 heures pour chaque étude. Le programme suivant est une suggestion pour chaque étude.

- 15 minutes pour l'activité

- 30 minutes pour la leçon biblique

- 15 minutes pour le verset à retenir

- 30 minutes pour les activités supplémentaires (facultatives)
- 30 minutes pour la pratique du concours biblique (facultatives)

LA PRÉPARATION

Une préparation minutieuse de chaque étude est importante. Les enfants sont plus attentifs et comprennent mieux l'étude si l'enseignant(e) la prépare bien et la présente bien. Les caractères gras de chaque étude indiquent les paroles suggérées pour l'enseignant(e) aux enfants. Les étapes suivantes vous aideront pour la préparation.

Etape 1 : La vue d'ensemble. Lisez le verset à retenir, la vérité biblique, et le conseil pédagogique.

Etape 2 : La leçon biblique et le commentaire biblique. Lisez les versets de la leçon biblique de l'étude et l'information du commentaire biblique, ainsi que les paroles de notre foi.

Etape 3 : L'activité. Cette section comprend un jeu ou une autre activité pour préparer les enfants pour la leçon biblique. Familiarisez-vous avec l'activité, les instructions et les fournitures. Apportez avec vous toutes les fournitures nécessaires à la classe. Mettez-en place l'activité avant l'arrivée des enfants.

Etape 4 : La leçon biblique. Révisez la leçon et apprenez-la bien afin que vous puissiez la raconter comme une histoire. Une version simple à lire du passage biblique est inclut à la fin de ce livre pour vous aider à vous préparer. Les enfants veulent que l'enseignant(e) raconte l'histoire au lieu de la lire. Employez les paroles de notre foi de chaque leçon pour fournir les informations supplémentaires alors que vous racontez l'histoire. Après l'histoire, servez-vous des questions disponibles. Elles aideront les enfants à comprendre l'histoire et à la mettre en pratique dans leurs vies.

Etape 5 : Le verset à retenir. Apprenez le verset à retenir afin que vous puissiez l'enseigner aux enfants. Une liste des versets à retenir ainsi que des activités suggérées pour les répéter se trouvent aux pages 129-130. Choisissez parmi les activités des options pour aider les enfants à apprendre le verset à retenir. Familiarisez-vous avec l'activité que vous avez choisie. Lisez les instructions et préparez les fournitures. Apportez avec vous toutes les fournitures nécessaires à la classe.

Etape 6. Les activités supplémentaires. Les activités supplémentaires sont facultatives. Elles amélioreront l'étude biblique des enfants. Beaucoup de ces activités nécessitent des fournitures, des ressources et du temps supplémentaires. Familiarisez-vous avec les activités que vous choisissez. Lisez les instructions et préparez les fournitures. Apportez avec vous toutes les fournitures nécessaires à la classe.

Etape 7 : La pratique du concours biblique. Le concours biblique est la partie compétitive des *Études bibliques pour enfants,* et vous trouverez des informations supplémentaires dans la section appelée « le concours biblique pour enfants » aux pages 160-172. Il est facultatif. Si vous choisissez d'y participer, passez du temps à préparer les enfants. Il y a des questions pratiques pour chaque étude. Les dix premières questions sont données à ceux qui ont un niveau de base pour le concours. Il y a trois réponses possibles pour chaque question et ces questions sont simples. Les dix prochaines questions sont destinées à ceux qui ont un niveau avancé pour le concours. Il y a quatre réponses possibles pour chaque question et ces questions sont plus complètes. Les enfants, conseillés par l'enseignant(e), choisissent leurs niveaux pour le concours. Selon le nombre d'enfants et les ressources disponibles, vous pouvez choisir d'offrir seulement le niveau de base ou le niveau avancé. Avant que vous demandiez les questions à choix multiples, lisez le passage biblique aux enfants.

Étude 1

Actes 1.1-11; 2.1-8; 12-21, 36-47

Le don promis

LE COMMENTAIRE BIBLIQUE

Le livre de Luc, les Actes des Apôtres, invite les lecteurs de poursuivre la mission de Christ jusqu'à son retour. Pendant quarante jours, Jésus a préparé ses disciples à poursuivre sa mission. Le nombre « quarante » nous rappelle de ceux qui ont été testés avant qu'ils ne commencèrent leurs ministères: Les Israélites alors qu'ils erraient dans le desert, Moïse au Mt. Sinaï, et Élie quand il fuit à Horeb.

Jésus fait écho à la prophétie d'Ésaïe 32.15. C'est l'Esprit qui permet aux croyants de témoigner de manière efficace dans le monde entier. Les disciples de Jésus ont été baptisés du Saint-Esprit le jour de la Pentecôte. A l'origine, la Pentecôte (également connue comme la fête des semaines) célébrait le don de Dieu pour la remise des dix commandements à Moïse et au peuple d'Israël, cinquante jours après l'exode de l'Égypte. Pour les chrétiens aujourd'hui, la Pentecôte est la célébration du don de Dieu de son esprit, à tous les croyants, cinquante jours après le dimanche de Pâques.

Dieu a répandu son Esprit sur la communauté des croyants. L'Esprit les a unifiés, et leur a donnés une passion de suivre Christ. Ils ont reçu la puissance de communiquer de façon intelligible la vérité de Jésus au monde entier.

Pierre a invité ses auditeurs à se repentir et se faire baptiser. Les nouveaux croyants ont joint la communauté de la foi, et ont grandi dans leur foi, en obéissant à l'enseignement des apôtres, en priant quotidiennement, et en partageant avec ceux dans le besoin. Dans les deux premiers chapitres, nous voyons le commencement de la mission de Jésus apportant la liberté sur le péché, et ainsi voir ce message être propagé aux extrémités de la terre.

L'Église primitive avait l'espérance. Ils ont vu que Dieu a continué de les transformer par la puissance du Saint-Esprit. Dieu a révélé son royaume sur la terre. Ils étaient heureux de partager cette bonne nouvelle avec tout le monde. En tant que croyants, nous continuons la mission commencée par l'Église fidèle, il y a plus de deux mille ans. De même, nous pouvons expérimenter la puissance du Saint-Esprit, et nous serons les témoins du royaume de Dieu quand Dieu nous change.

LES PAROLES DE NOTRE FOI

Le Saint-Esprit est l'Esprit de Dieu. Il nous rend capables de vivre pour Dieu alors que nous faisons confiance à Jésus comme Sauveur.

Jésus-Christ est Jésus, le Fils de Dieu, le Sauveur du monde. Jésus est pleinement Dieu et pleinement homme. Christ représente un mot grec qui veut dire « l'Oint. »

Le Messie est un mot hébreu qui signifie « l'Oint » et est généralement traduit par « le Christ. » Il se réfère à Jésus-Christ.

Pierre est l'un des douze disciples de Jésus. Il a prêché le premier sermon à la Pentecôte et était un leader dans l'Église primitive.

Jérusalem est le centre de la religion juive. Jérusalem est le point géographique central pour la plupart de la Bible.

La Pentecôte est une fête religieuse juive qui prend place cinquante jours après la Pâque. Les chrétiens célèbrent ce jour quand le Saint-Esprit est venu et que l'Église primitive est née.

Les apôtres sont les premiers leaders de l'Église chrétienne qui ont été spécialement choisis par Jésus. Ils ont été des ambassadeurs de Dieu pendant que l'Église grandissait et se propageait.

Le baptême est une cérémonie publique qui symbolise la renaissance d'une personne en Jésus-Christ. Le baptême est un rituel dans lequel un croyant est immergé dans l'eau, ou bien l'eau est administrée par aspersion ou versement sur la tête du candidat. Un croyant choisit d'être baptisé pour montrer qu'il/elle commence une nouvelle vie en Christ.

Les Juifs sont les personnes qui pratiquent la religion juive. Dieu a établi son alliance avec Abraham en Genèse, chapitres 15 et 17. Les juifs sont connus comme étant les descendants d'Abraham, avec son fils et petit-fils (Isaac et Jacob). La Bible les appelle, Israélites.

Une prophétie est un message de Dieu aux gens. Certaines prophéties nous font savoir ce qui va se passer dans l'avenir.

L'ACTIVITÉ

Invitez deux enfants à se tenir debout devant la classe. Dites aux autres de les regarder pour dix secondes. Puis, envoyez les deux enfants à un endroit où personne ne peut les voir.

Après qu'ils soient sortis, demandez aux autres de vous les décrire. Notez tous les détails. Vous pouvez leur demander des questions. Par exemple, des questions de ce genre:

- Est-ce que les enfants portaient une veste ?

- Est-ce qu'ils avaient quelque chose dans leurs mains ?

- De quelle couleur étaient leurs chaussures ?

Ramenez les deux enfants dans la salle. Passez en revue les descriptions des enfants. Demandez, **les avons-nous décrits avec précision ?** Donnez un moment aux enfants pour répondre. Puis, Dites : **nous avons utilisé plusieurs mots pour parler de ces deux enfants. Maintenant, s'ils quittent la salle et que quelqu'un vous demande de les décrire de nouveau, vous pouvez les décrire avec plus de précision parce que vous les avez regardés de plus près. Aujourd'hui, nous allons apprendre comment Jésus a demandé à ses amis de parler de lui.**

LA LEÇON BIBLIQUE

Préparez une histoire de la Bible basée sur les versets bibliques de la leçon. Une version simple à lire du passage biblique est inclut à la fin de ce livre aux pages 131-159. Les enfants comprennent mieux la leçon si vous la leur raconter au lieu de la lire.

Après l'histoire, encouragez les enfants à répondre aux questions suivantes. Il n'y a pas de bonnes ou de mauvaises réponses. Ces questions vont aider les enfants à comprendre l'histoire et à l'appliquer à leurs vies.

1. **Avez-vous jamais ressenti la direction de Dieu ? Comment reconnaissez-vous la direction de Dieu ?** Discussez de ce sujet ensemble.

2. Lisez le verset à retenir dans Actes 5.32. **A qui Dieu donne-t-il le Saint-Esprit ?**

3. **Quelles sont les luttes que le Saint-Esprit vous a aidées à surmonter ?**

4. **Le baptême est un moyen pour montrer que vous êtes engagés à Jésus-Christ. C'est aussi un signe pour les autres que vous voulez faire partie de la famille de Dieu, l'Église. Avez-vous été baptisés ? Pourquoi ou pourquoi pas ?**

Dites : **Dans cette leçon, vous allez apprendre que Dieu a travaillé à travers les croyants de l'Église primitive. Mais la bonne œuvre de Dieu ne s'est pas terminée là. Vous êtes aussi une partie de l'histoire de Dieu. Le don du Saint-Esprit de Dieu va vous aider à être audacieux et courageux alors que vous vivez pour lui.**

LE VERSET À RETENIR

Pratiquez le verset à retenir de l'étude. Vous trouverez des suggestions pour les versets à retenir aux pages 127-128.

LES ACTIVITÉS SUPPLÉMENTAIRES

Choisissez parmi ces options pour améliorer l'étude biblique des enfants.

1. Trouvez une Bible avec une concordance et recherchez le terme le « Saint-Esprit. » Étudiez plusieurs passages supplémentaires qui ont référence au Saint-Esprit et lisez-les à la classe. Discutez ce que ces passages enseignent au sujet du Saint-Esprit.

2. Recherchez la Fête des Semaines, aussi appelée la Pentecôte. Quelle était la signification de cet événement ? Que se passait-il généralement durant cette célébration ?

QUESTIONS À CHOIX MULTIPLES POUR LE NIVEAU DE BASE

Pour préparer les enfants à ce concours, lisez Actes 1.1-11; 2.1-8; 12-21; 36-47.

1 À qui le livre des Actes est-il écrit? (1.1)

1. César

2. Luc

3. Théophile

2 À quel propos Jésus a-t-il parlé quand il est apparu aux apôtres pendant quarante jours? (1.3)

1. À propos du royaume de Dieu

2. À propos de sa résurrection

3. À propos de ses miracles

3 Alors qu'il mangeait avec les apôtres, Jésus leur dit de ne pas faire quelque chose? (1.4)

1. De ne pas trop manger

2. De ne pas s'éloigner de Jérusalem

3. De ne dire à personne que vous m'avez vu

4 Avec quoi Jean a-t-il baptisé? (1.5)

1. Avec le Saint-Esprit

2. Avec l'huile

3. Avec l'eau

5 Jésus a dit que les apôtres vont recevoir quelque chose après que le Saint-Esprit soit survenu sur eux. Qu'est-ce que c'était? (1.8)

1. L'amour

2. Une puissance.

3. Des dons

6 Jésus a dit que les apôtres vont être ses témoins quand le Saint-Esprit va venir? De quels lieux vont-ils être témoins? (1.8)

1. À Jérusalem, dans toute la Judée, dans la Samarie

2. Et jusqu'aux extrémités de la terre

3. Les réponses ci-dessus sont correctes.

7 Qui va prophétiser quand Dieu répand son Esprit sur toute chair? (2.17-18)

1. Vos fils et vos filles

2. Les serviteurs de Dieu, les hommes et les femmes

3. Les réponses ci-dessus sont correctes.

8 Quelle était le nombre des disciples ajouté au jour de la Pentecôte? (2:41)

1. Environ mille âmes

2. Environ trois mille âmes.

3. Environ cinq mille âmes

9 Dans quoi les disciples se sont-ils consacrés? (2.42)

1. Dans la communion fraternelle

2. Dans la fraction du pain

3. Les réponses ci-dessus sont correctes.

10 Combien de fois les croyants se sont-ils retrouvés? (2.46)

1. Chaque jour.

2. Seulement les dimanches

3. Une fois par semaine

QUESTIONS À CHOIX MULTIPLES POUR LE NIVEAU AVANCÉ

Pour préparer les enfants à ce concours, lisez Actes 1.1-11; 2.1-8, 12-21, 36-47.

1 Qu'a recommandé Jésus pendant qu'il se trouvait avec les apôtres? (1.4-5)

1. « De ne pas s'éloigner de Jérusalem »

2. « D'attendre le don que le Père avait promis »

3. « Que vous serez baptisés du Saint-Esprit »

4. Toutes les réponses ci-dessus sont correctes.

2 Jésus a dit que les apôtres vont être ses témoins quand le Saint-Esprit va venir? De quels lieux vont-ils être témoins? (1.8)

1. À Jérusalem

2. Dans toute la Judée et la Samarie

3. Et jusqu'aux extrémités de la terre

4. Toutes les réponses ci-dessus sont correctes.

3 Qu'ont dit les deux hommes vêtus de blanc? (1.10-11)

1. « N'ayez pas peur »

2. **« Jésus reviendra de la même manière que vous l'avez vu allant au ciel. »**

3. « Allez chez vous, il n'y a rien à voir ici. »

4. « Je vous aurai préparé une place. »

4 Que s'est-il passé quand le jour de la Pentecôte est venu? (2.1-4)

1. Ils ont entendu un bruit comme celui d'un vent impétueux

2. Ils ont vu des langues de feu séparées qui se posèrent sur chacun d'eux

3. Ils étaient remplis du Saint-Esprit et parlaient en d'autres langues

4. Toutes les réponses ci-dessus sont correctes.

5 Quels sont ceux qui sont restés à Jérusalem au jour de la Pentecôte? (2.5)

1. Corneille et sa famille

2. **Des Juifs, hommes pieux, de toutes les nations.**

3. Jésus et les apôtres

4. Trois femmes nommées Marie

6 Qui est le prophète de l'Ancien Testament que Pierre a cité au jour de la Pentecôte? (2.16-21)

1. Esaïe

2. Jérémie

3. **Joël**

4. Samuel

7 Qu'a dit Pierre concernant la certitude de la maison d'Israël? (2.36)

1. **« Dieu a fait Seigneur et Christ ce Jésus que vous avez crucifié. »**

2. « Jean est le seul qui doit baptiser les gens. »

3. « Jésus va nous parler au sujet de son retour. »

4. « Nous, les apôtres, avons vu Jésus. »

8 Pour qui le Saint-Esprit est-t-il promis? (2.38-39)

1. Pour vous et vos enfants

2. Pour tous ceux qui sont au loin

3. Pour le grand nombre que le Seigneur notre Dieu appellera

4. Toutes les réponses ci-dessus sont correctes.

9 Qu'ont fait les croyants après avoir vendu leurs propriétés et leurs biens? (2.45)

1. **Ils ont donné selon les besoins de chacun.**

2. Ils ont gardé l'argent pour eux-mêmes.

3. Ils ont donné l'argent à l'église.

4. Ils ont acheté d'autres choses.

10 Complétez ce verset: « Nous sommes témoins de ces choses, de même que le Saint-Esprit, que Dieu a donné... » (Actes 5.32)

1. **« ...à ceux qui lui obéissent. »**

2. « ...à ceux qui appellent son nom. »

3. « ...à celui qui demande. »

4. « ...à ceux qui ont reçu son esprit. »

Actes 3.1-16; 4.1-22

C'est mieux que l'argent

LE COMMENTAIRE BIBLIQUE

Alors que Pierre et Jean se sont approchés du temple pour prier, un homme boiteux de naissance leur demanda l'aumône. Il était incapable d'adorer Dieu à cause de sa condition physique. Il était impur et non-pratiquant. Au lieu de lui donner de l'argent, Pierre et Jean l'ont guéri au nom de Jésus. (voir Luc 13.10-13 pour un incident similaire accompli par Jésus, l'un des nombreux récits où Jésus a guéri des gens). Dans cette histoire, nous avons un aperçu de ce que le livre des Actes des Apôtres nous montre: les premiers croyants ont partagé la bonne nouvelle au sujet de Jésus et le salut pour tout le monde, pas seulement les pratiquants religieux.

Le mendiant, entièrement restauré, s'est joint à Pierre et Jean en louant Dieu. Pierre a déclaré que la guérison du mendiant s'est produite par le nom de Jésus. Nous pouvons voir que la puissance de Jésus n'est pas limitée. Il peut faire des choses miraculeuses pour guérir et sauver les gens.

Les chefs religieux ont arrêté Pierre et Jean. Cependant, les apôtres étaient préparés parce que Jésus leur a enseigné de ne pas s'inquiéter sur ce qu'ils doivent dire quand ces choses arrivent. De ce fait, le Saint-Esprit va les aider (Luc 12.11-12). Ainsi, guidé par le Saint-Esprit, Pierre a pris la parole avec confiance devant ce groupe de chefs religieux, rempli de colère. Il a répété son message de la bonne nouvelle au sujet de Jésus, qui seul apporte le salut.

Le Sanhédrin ne voulait pas que ce message concernant Jésus se répande. Ils ordonnèrent aux apôtres d'arrêter de prêcher au nom de Jésus. Pierre et Jean ont reconnu que leur première obligation était d'obéir à Dieu. Le saint-Esprit a rendu capables Pierre et les témoins fidèles, de parler courageusement. Seulement quelques mois auparavant, Pierre a renié son association avec Jésus. Cependant, après la Pentecôte, il était en mesure de défendre publiquement son Seigneur.

LES PAROLES DE NOTRE FOI

Les Sadducéens sont les dirigeants juifs issus de famille de prêtes qui croyaient strictement en la loi de Moïse. Ils ne croyaient pas à la résurrection des morts ou des anges. (Ils étaient aussi appelés « les anciens et les scribes »).

Se repentir c'est se détourner du péché et se tourner vers Dieu.

Pur et **impur** sont les caractéristiques qui définissent certaines personnes, animaux ou aliments, conformément à la loi et les coutumes juives. Habituellement, quelqu'un pouvait rendre une chose impure pure, en faisant un rituel spécial appelé les ablitions rituelles. Dans le nouveau Testament, Jésus a démontré que l'état pur ou impur se réfère plutôt à un état interne qu'externe. Seulement Dieu peut rendre une personne pure. Voir Ézéchiel 36.24-27 pour des informations supplémentaires.

Le salut est tout ce que Dieu fait pour pardonner les gens de leurs péchés et les aider à lui obéir.

Le Sanhédrin est un groupe de dirigeants juifs qui agissaient en tant que cour de justice.

Un témoin est une personne qui dit aux autres ce qu'elle a vu ou vécu. Un témoignage chrétien est ce qu'une personne dit aux autres au sujet de Jésus et du salut.

Le Temple est un lieu spécial d'adoration à Jérusalem utilisé par les Juifs dans les temps bibliques. Le premier Temple a été construit par Salomon. Voir 1 Rois chapitre 6 pour les détails.

L'ACTIVITÉ

Vous aurez besoin de ces articles suivants pour cette activité:

- Du ruban adhésif, optionnel (vous pouvez choisir une autre manière de désigner « la prison » pour votre leçon)

Avant la classe, utilisez le ruban adhesif pour désigner une large zone carrée sur le sol pour être « la prison. » Cette zone doit être assez large pour les élèves, pour se tenir debout ou s'asseoir.

Au cours de l'étude, lisez et discutez les points principaux de l'histoire biblique. Dirigez la conversation afin que les enfants puissent parler de Jésus. Chaque fois qu'un élève mentionne Jésus, il ou elle doit aller en prison. Dites : **À l'époque de Pierre et Jean, de nombreux croyants ont été arrêtés et envoyés en prison, en parlant de Jésus. Que pensez-vous qu'ils on fait en prison ?**

LA LEÇON BIBLIQUE

Préparez une histoire de la Bible basée sur les versets bibliques de la leçon. Une version simple à lire du passage biblique est inclut à la fin de ce livre aux pages 131-159. Les enfants comprennent mieux la leçon si vous la leur raconter au lieu de la lire.

Après l'histoire, encouragez les enfants à répondre aux questions suivantes. Il n'y a pas de bonnes ou de mauvaises réponses. Ces questions vont aider les enfants à comprendre l'histoire et à l'appliquer à leurs vies.

1. **Qu'est-ce que Pierre et Jean ont partagé avec le mendiant ? Pensez-vous que cela avait de la valeur ? Pourquoi ou pourquoi pas ?**

2. **Est-ce que le mendiant a reçu ce qu'il attendait ? Si vous étiez le mendiant, comment vous sentiriez-vous au sujet de votre guérison ?**

3. **Dieu commence à changer votre esprit et vos pensées souvent au sujet de certains sujets quand vous vous repentez de votre péché. De quelles manières Dieu a-t-il changé vos pensées ? Quelles sont les autres choses qui ont commencées à être perçues autrement quand vos pensées ont été changées ?**

4. **Comment pensez-vous que Pierre et Jean se sont ressentis devant les mêmes gens qui ont condamnés Jésus à mort ? Est-ce que le Saint-Esprit était avec Pierre et Jean ? Comment le savez-vous ?**

5. **Pouvez-vous penser à des moments où il est difficile pour les chrétiens de faire ce qui est juste au lieu d'aller avec la foule ?**

Dites : **Quelquefois, il est difficile pour les chrétiens de faire ce qui est juste. Cependant, nous pouvons être confiants que le Saint-Esprit sera avec nous quand nous obéissons à Dieu. Le Saint-Esprit est notre source d'espérance, de courage et de paix.**

LE VERSET À RETENIR

Pratiquez le verset à retenir de l'étude. Vous trouverez des suggestions pour les activités des versets à retenir aux pages 127-128.

LES ACTIVITÉS SUPPLÉMENTAIRES

Choisissez parmi ces options pour améliorer l'étude biblique des enfants.

1. Utilisez un ordinateur ou des ouvrages de référence pour la recherche d'une autre religion. Que dit cette religion sur la manière d'obtenir le salut ? Quelles sont les étapes qu'une personne doit prendre ? Comparez cela à ce que nous croyons. Lisez de nouveau Actes 4.12. Que croyez-vous au sujet du salut ? Partagez votre recherche avec la classe.

2. Trouvez autant d'information que possible au sujet du Temple et dessinez ou construisez-en un modèle.

QUESTIONS À CHOIX MULTIPLES POUR LE NIVEAU DE BASE

Pour préparer les enfants à ce concours, lisez Actes 3.1-16; 4.1-22.

1 À quel moment Pierre et Jean se sont-ils rendu au temple? (3.1)

1. À l'heure de la prière

2. À trois heures de l'après-midi

3. Les réponses ci-dessus sont correctes.

2 Quel était le nom de la porte du temple? (3.2)

1. Magnifique

2. La belle

3. Beau

3 Que s'est-il passé quand Pierre a pris la main du mendiant? (3.7-8)

1. Le mendiant fut debout et se mit à marcher.

2. Le mendiant est tombé et a pleuré.

3. Pierre a transporté le mendiant dans la cour du temple.

4 Qu'est-il arrivé au mendiant par la foi au nom de Jésus? (3.16)

1. Il est devenu un prédicateur.

2. Il a raffermi.

3. Il a reçu beaucoup d'argent.

5 Qu'ont fait les sacrificateurs, le commandant du temple, et les Sadducéens avec Pierre et Jean? (4.1-3)

1. Ils ont essayé de les tuer.

2. Ils les ont payés pour la guérison du mendiant.

3. Ils les ont saisis et mis en prison.

6 D'environ combien, le nombre de croyants s'est élevé après que Pierre et Jean ont guéri le mendiant? (4.4)

1. Environ cinq mille.

2. Environ sept mille

3. Environ dix mille

7 Comment le livre des Actes décrit-il Pierre quand il a parlé aux Chefs du peuple et les anciens d'Israël? (4.8)

1. Pierre était excité.

2. Pierre était rempli du Saint-Esprit.

3. Pierre avait peur.

8 Quelle est la pierre rejetée qui est devenue la principale de l'angle? (4.10-11)

1. Pierre

2. Jésus

3. Jean

9 Que s'est-il passé quand les Chefs du peuple et anciens d'Israël ont vu l'assurance de Pierre et Jean? (4.13)

1. Ils ont eu peur.

2. Ils étaient excités

3. Ils étaient étonnés.

10 Après que Pierre et Jean ont guéri le mendiant, quel est l'ordre que les Chefs du peuple et anciens d'Israël leur ont donné? (4.18)

1. « Allez chez vous et reposez-vous. »

2. « Partagez avec tout le monde ce que vous avez vu et entendu. »

3. « De ne pas parler ou enseigner au nom de Jésus. »

QUESTIONS À CHOIX MULTIPLES POUR LE NIVEAU AVANCÉ

Pour préparer les enfants à ce concours, lisez Actes 3.1-16; 4.1-22.

1 Que faisait le mendiant à la porte du temple appelée la Belle? (3.2)

1. Il mangeait là.

2. Il vendait des fruits et légumes là.

3. **Il demandait l'aumône chaque jour.**

4. Il se reposait là alors que les autres adoraient.

2 Combien d'argent et d'or Pierre a-t-il donné au mendiant? (3.6)

1. **Aucun.**

2. 2.03 euros

3. 1.015 euros

4. 20.30 euros

3 Après que le mendiant ait marché, qu'a-t-il fait? (3.8)

1. Il est entré avec Pierre et Jean dans le temple.

2. Il a marché et sauté.

3. Il a loué Dieu.

4. **Toutes les réponses ci-dessus sont correctes.**

4 De quoi Pierre et Jean ont-ils été témoins? (3.15)

1. Que le mendiant faisait semblant d'être boiteux

2. Que le mendiant était un voleur

3. **Que Dieu a ressuscité Jésus des morts.**

4. Que Jésus est revenu de la même manière qu'il a été enlevé

5 Qu'est-ce qui a raffermi l'homme? (3.16)

1. La magie

2. La médecine

3. **La foi**

4. La propre puissance de Pierre

6 Pierre et Jean ont été mis en prison. Que s'est-il passé ensuite? (4.3-4)

1. **Beaucoup de ceux qui ont entendu la parole ont cru, et le nombre des hommes s'ést élevait à environ cinq mille.**

2. Le mendiant qui a été guéri est parti libre.

3. Pierre et Jean se sont échappés.

4. Toutes les réponses ci-dessus sont correctes.

7 En quel nom Pierre a-t-il dit que l'homme était guéri? (4.9-10)

1. Au nom de Pierre

2. Au nom de Dieu

3. Au nom des citoyens de Jérusalem

4. **Au nom de Jésus-Christ de Nazareth.**

8 Pierre et Jean ont dit qu'ils ne pouvaient pas s'arrêter de parler de quelque chose. Qu'est-ce que c'était? (4.19-20)

1. Au sujet de l'homme qui était guéri

2. Au sujet de Jésus qui est monté au ciel

3. **Au sujet de ce qu'ils ont vu et entendu.**

4. Au sujet de la manière dont ils étaient maltraités en prison

9 Pourquoi les Chefs du peuple ont permis à Pierre et Jean d'être relachés? (4.21)

1. Parce que Pierre et Jean on payé une amende

2. **Parce que le peuple glorifiait Dieu de ce qui était arrivé.**

3. Parce que la prison était remplie

4. Parce que quelqu'un les a soudoyés

10 Complétez ce verset : « Il n'y a de salut en aucun autre; car il n'y a sous le ciel aucun autre nom qui ait été donné parmi les hommes... » (Actes 4.12)

1. « ...par lequel nous devons obéir. »

2. « ...aussi fort que le nom de Jésus. »

3. « ...en lequel nous avons peur. »

4. **« ...par lequel nous devions être sauvés. »**

Acts 4.23-5.11

La multitude était d'un coeur et d'une âme

LE COMMENTAIRE BIBLIQUE

Les croyants de l'Église primitive ont choisi quelquefois de partager leurs propriétés, ou la vente de leurs propriétés avec les autres. La charité au sein de la communauté a encouragé l'amitié, la maturité, et une confiance radicale en Dieu. Toutefois, le geste de donner de l'argent ou des propriétés était volontaire.

Il y avait deux exemples différents de croyants qui partageaient leurs propriétés: un, à travers l'honnêteté et l'autre, à travers la déception. Barnabas a vendu son champ et a remis l'argent aux apôtres. Ceci est un exemple d'un donneur fidèle et honnête. Plus tard, nous apprendrons davantage sur le rôle de Barnabas en tant que fils d'exhortation pour les croyants quand il a supporté Paul dans le ministère.

Contrairement à Barnabas, il se trouvait deux autres croyants: Ananias et Saphira. Ils ont aussi vendu leur propriété mais ont gardé l'argent pour eux-mêmes. Quand ils ont remis une partie de l'argent aux disciples, ils ont prétendu que c'était la somme totale. Dans cette histoire, nous avons le premier récit du péché dans l'Église primitive. Ils ont péché par des mensonges à Dieu et aux autres.

Les apôtres leur ont donné l'opportunité de se repentir, mais ils ont continué de mentir. Leur punition était rapide, et tous les deux sont morts. La punition d'Ananias et Saphira peut paraître sévère. Cependant, l'Église primitive a appris une leçon importante. Même si leur foi en Jésus-Christ les a libérés de certaines restrictions des lois juives, cela ne signifiait pas qu'ils étaient libres de l'immoralité. Le mensonge et le manque de respect pour l'autorité n'avaient pas sa place dans la communauté de la foi.

Malheureusement, l'oeuvre de l'Esprit dans les vies d'Ananias et Saphira n'a pas changé leur amour pour le prestige et l'argent. Cependant, l'oeuvre de l'Esprit dans les vies des croyants devraient conduire à la liberté et générosité, un témoignage donné par Barnabas. Suivons son exemple !

LES PAROLES DE NOTRE FOI

Un croyant est une personne qui croit que Jésus est le Fils de Dieu. Les croyants acceptent Jésus comme leur Sauveur, et ils l'aiment et l'obéissent.

L'ACTIVITÉ

Vous aurez besoin de ces articles suivants pour cette acitivité:

- Un cadeau peu coûteux pour chaque enfant (par exemple: un morceau de fruit, de pain, de biscuit, de bonbon, de jouet ou de bijou.

- De faux billets (Utilisez l'argent d'un jeu ou créez les vôtres en coupant des morceaux de papier et en écrivant des montants sur chacun d'eux).

Distribuez les cadeaux peu coûteux à certains des enfants, mais pas à tous. Faites-leur savoir qu'il ne faut pas jouer avec les billets ou ne pas manger leur nouvelle propriété. Désignez un responsable adulte ou un enfant pour être en charge des faux billets. Encouragez les enfants à vendre leurs propriétés et à donner l'argent à quelqu'un qui n'a pas de propriété. Encouragez le banquier d'acheter et de vendre les articles de sorte qu'à la fin, tout enfant a un don.

Dites: **Les cadeaux représentent nos besoins quotidiens. Dieu veut que nous soyons compatissants et généreux les uns envers les autres. Quand nous partageons, nous aidons ceux qui sont dans le besoin. Les premiers chrétiens ont aidé les autres, et nous pouvons aussi aider les autres.**

Discutez comment les premiers chrétiens se sont entraidés en vendant leurs biens pour aider ceux dans le besoin.

LA LEÇON BIBLIQUE

Préparer une histoire basée sur les versets bibliques de la leçon. Une simple version de cette leçon est iclut à la fin de ce livre aux pages 131-159. Les enfants vont mieux comprendre la leçon si vous la leur racontez au lieu de la lire.

Après l'histoire, encouragez les enfants à répondre aux questions suivantes. Il n'y a pas de bonnes ou de mauvaises réponses. Ces questions aident les enfants à comprendre l'histoire et à l'apppliquer à leurs vies.

1. **Quand Pierre et Jean ont été libérés de prison, ils sont retournés vers les croyants et ont prié ensemble. Ils ont demandé de l'assurance pour prêcher la parole de Dieu. À quelle mesure la prière devrait-elle être importante dans nos vies ?**

2. **Les croyants ont partagé tout ce qu'ils avaient avec ceux dans le besoin. Comment les chrétiens, aujourd'hui, peuvent-ils partager ce qu'ils ont avec les gens dans le besoin ?**

3. **Ananias et Saphira n'étaient pas honnêtes avec Dieu. Les gens peu-**

vent être malhonnêtes de différentes manières. Quelles sont certaines manières dont les gens peuvent être malhonnêtes ?

4. **Après la mort d'Ananias et Saphira, l'Église primitive a vu que leurs choix avaient des conséquences. Que pensez-vous qu'ils ont appris par cette expérience ?**

Dites : **Dieu veut que nous voyions que nos choix affectent notre monde et nos relations. Les mauvais choix causent des conséquences négatives, et les bons choix des conséquences positives. Dieu nous aime. Dieu est, à la fois, miséricordieux et juste dans son amour. Nous pouvons être sûrs qu'il est un bon juge. Il fera toujours ce qui est juste.**

LE VERSET À RETENIR

Pratiquez le verset à retenir de l'étude. Vous trouverez des suggestions pour les activités des versets à retenir aux pages 127-128.

LES ACTIVITÉS SUPPLÉMENTAIRES

Choisissez parmi ces options pour améliorer l'étude biblique des enfants.

1. Dans Actes 4.24-30, les croyants ont prié, louant Dieu pour tout ce qu'il a fait. Ils lui ont demandé de l'assurance pour prêcher la parole. Lisez leur prière. Puis, avec vos élèves, écrivez « une prière du croyant » que vous pouvez réciter tous ensemble. La prière du croyant dans Actes a mentionné l'Écriture, qui était familière à ces gens. Il est également mentionné des problèmes et des louanges qui étaient communs à ce groupe de croyants. Utilisez la prière dans Actes comme un modèle pour écrire une prière significative pour votre classe.

2. Barnabas était l'un des croyants qui a vendu son champ et a apporté l'argent aux apôtres. Souvent, le nom d'une personne avait une signification spéciale. Le nom « Barnabas » veut dire « fils d'exhortation. » Si possible, avant la classe, recherchez la signification de quelques noms de vos élèves.

3. Fournissez un morceau de papier pour chaque élève. Assistez-les en écrivant leurs noms en gros et beaux caractères. Décorez la page, et dessinez une grosse bordure noire au bord de chacun. Encouragez les élèves à accrocher l'affiche dans leurs chambres ou sur le mur de leurs maisons.

QUESTIONS À CHOIX MULTIPLES POUR LE NIVEAU DE BASE

Pour préparer les enfants à ce concours, lisez Actes 4.23-5.11.

1 Après que Pierre et Jean ont donné leur rapport, les gens ont prié. Que s'est-il passé ensuite? (4.31)

1. Le lieu où ils étaient assemblés trembla.

2. Ils étaient tous remplis du Saint-Esprit et ont annoncé la parole de Dieu avec assurance.

3. Les réponses ci-dessus sont correctes.

2 Qui était d'un seul coeur et d'une seule âme? (4.32)

1. Les Juifs

2. La multitude.

3. Les grecs

3 Qu'est-ce que les croyants ont fait avec leurs propriétés? (4.32)

1. Ils ont partagé tout en commun.

2. Ils sont devenus égoïstes et ont tout gardé pour eux-mêmes.

3. Ils n'avaient pas de propriétés.

4 Combien de gens indigents y avait-il parmi les croyants? (4.34)

1. Quelques-uns

2. Cent

3. Aucun

5 Que signifie le nom Barnabas? (4.36)

1. Fils de Dieu

2. Fils d'exhortation

3. Fils du tonnerre

6 Quelles sont les personnes qui ont vendu leur propriété et ont gardé une partie de l'argent? (5.1-2)

1. Ananias et Saphira.

2. Barnabas et Joseph

3. Les réponses ci-dessus sont correctes

7 Pierre a dit qu'Ananias a menti. À qui a t-il menti? (5.3-4)

1. À Pierre

2. À sa femme, Saphira

3. Au Saint-Esprit

8 Pierre a demandé à Saphira, « Est-ce à un tel prix que vous avez vendu le champ? » Quelle était la réponse de Saphira? (5.7-8)

1. « Oui, c'est à ce prix-là. »

2. « Qu'à dit Ananias? »

3. « Non, nous avons reçu plus. »

9 Qu'est-il arrivé à Saphira? (5.10)

1. Elle est tombée aux pieds de Pierre et a expiré.

2. Elle a été ensevelie auprès de son mari.

3. Les réponses ci-dessus sont correctes.

10 Complétez ce verset: « Et n'oubliez pas la bienfaisance et la libéralité, car c'est à de tels sacrifices... » (Hébreux 13.16)

1. « ...que vous serez récompensés. »

2. « ...que Dieu prend plaisir. »

3. « ...que de grandes choses arrivent. »

QUESTIONS À CHOIX MULTIPLES POUR LE NIVEAU AVANCÉ

Pour préparer les enfants à ce concours, lisez Actes 4.23-5.11

1 Qu'est-ce que les gens on fait quand Pierre et Jean ont rapporté tout ce que les principaux sacrificateurs et les anciens leur ont dit ? (4.23-24)

1. Ils ont élevé la voix à Dieu tous ensemble.

2. Ils ont poussé un cri en signe d'incrédulité.

3. Ils ont déchiré leurs vêtements et ont pleuré.

4. Ils ont célébré.

2 Après que Pierre et Jean ont été libérés, les gens ont prié. Que s'est-il passé ensuite ? (4.31)

1. Le lieu où ils étaient assemblés trembla.

2. Ils étaient tous remplis du Saint-Esprit.

3. Ils ont annoncé la parole de Dieu avec assurance.

4. Toutes les réponses ci-dessus sont correctes.

3 Qui a partagé tout ce qu'ils avaient ? (4.32)

1. Seulement Pierre et Jean

2. Seulement les femmes et les enfants

3. La multitude.

4. Personne

4 Qui était appelé Barnabas ? (4.36)

1. Pierre, l'un des apôtres

2. Joseph, un lévite originaire de Chypre.

3. Le souverain sacrificateur

4. L'apôtre qui a replacé Judas Iscariot

5 Qu'est-ce que Barnabas a fait avec l'argent du champ qu'il a vendu ? (4.36-37)

1. Il a gardé tout l'argent pour lui-même.

2. Il a gardé une partie de l'argent.

3. Il a acheté une maison pour les apôtres.

4. Il a déposé aux pieds des apôtres.

6 Selon Pierre, à qui Ananias a-t-il menti ? (5.3)

1. Aux apôtres

2. À sa femme, Saphira

3. Au Saint-Esprit

4. Toutes les réponses ci-dessus sont correctes

7 A quel moment Ananias est-il tombé et a expiré ? (5.3-5)

1. Quand il a vu Pierre

2. Quand Saphira lui a dit que Pierre savait ce qu'il avait fait

3. Après que Pierre a dit à Ananias qu'il a menti à Dieu

4. Quand les apôtres ont demandé au sujet de l'argent à Pierre

8 Quelle somme d'argent Saphira a-t-elle dit qu'elle a reçue pour le champ ? (5.7-8)

1. Pas assez

2. La somme qu'Ananias a donné aux apôtres

3. Plus que ce qu'Ananias a donné aux apôtres

4. Elle ne savait pas combien ils ont reçu pour le champ

9 Qu'est-ce qui s'est emparé de l'assemblée et de tous ceux qui ont appris ce qui est arrivé à Ananias et Saphira ? (5.11)

1. Une grande paix

2. Une grande crainte

3. Une grande colère

4. Un sentiment d'orgueil

10 Selon Hébreux 13.16, que devons-nous ne pas oublier ?

1. De faire nos prières chaque soir avant d'aller dormir

2. De donner tout notre argent aux pauvres

3. De pratiquer la bienfaisance et la libéralité

4. De lire la Bible et d'aller à l'église

Actes 6.1-15; 7.51–8.3

Étienne est exécuté et l'Église dispersée

LE COMMENTAIRE BIBLIQUE

L'Église primitive a fait face à plusieurs problèmes y compris les préjugés et la persécution. Les premiers chrétiens étaient connus pour leur générosité et charité. Cependant, un problème sur la distribution alimentaire devenant déloyale, menaçait de diviser l'Église. Les apôtres ont pris soin du conflit avec prudence. Ils ont reconnu le besoin d'avoir des dirigeants additionnels pour travailler dans ses domaines spécifiques du ministère. Étienne était l'un d'eux en lequel les apôtres avaient donné des devoirs administratifs. Ils l'avaient choisi ainsi que six autres. Ces hommes étaient sages et remplis de l'Esprit. À cause de leur fidélité, la bonne nouvelle au sujet de Jésus s'est vite répandue.

Le ministère d'Étienne n'était pas limité qu'à la distribution alimentaire. Il prêchait et faisait des miracles, les mêmes qui ont été prophétisés par Joël, et mentionnés dans le sermon de Pierre au jour de la Pentecôte. Comme Pierre, sa prédication n'était pas bien reçue par certains chefs religieux. Ils ont menti et embauché d'autres personnes pour mentir, afin qu'Étienne soit amené au tribunal religieux, le Sanhédrin, pour faire face à un procès. Bien qu'Étienne était innocent et ses accusateurs des menteurs, le Sanhédrin l'a exécuté.

La vie et la mort d'Étienne sont similaires à d'autres récits bibliques. La vision d'Étienne de Dieu est un écho de l'histoire de la rencontre de Moïse avec Dieu sur le Mont Sinaï (Exode 34.29). Les accusations faites contre Étienne sont les mêmes qui ont été faites contre Jésus. Étienne a comparé ses accusateurs à des Israélites impénitents dans le désert. Comme Jésus, le souci d'Étienne au moment de sa mort était le pardon de ses tueurs. Étienne est devenu le premier martyr chrétien, et il a reflété le coeur et l'esprit de Jésus dans sa vie et aussi bien à sa mort.

Après l'exécution d'Étienne, une période de persécution contre l'Église a commencé. A la fin de l'histoire d'Étienne, l'auteur des Actes a introduit Saul, un personnage principal du livre. Saul et les autres opposants du Christianisme ont tenté d'éliminer le message de Jésus-Christ en persécutant les premiers chrétiens.

Toutefois, au lieu d'entraver le message, cette persécution a dispersé les croyants et causé le message de Dieu à se répandre davantage. Ces croyants ont eu confiance au Saint-Esprit pour les aider chaque jour d'avoir l'assurance de partager le message de Dieu partout où ils allaient.

LES PAROLES DE NOTRE FOI

Le blasphème est un acte de parler à tort au sujet de Dieu. Souvent, les gens ont accusé Jésus de blasphème.

Un prophète est quelqu'un que Dieu a choisi pour recevoir et donner ses messages.

Une synagogue veut dire « assemblée » et dans la Bible, cela se réfère à un lieu de prière pour les Juifs.

La persécution est le moyen physique, le ridicule, ou la souffrance qu'une personne éprouve des autres à cause de ce qu'elle croit.

Un préjugé est une idée préconçue ou partielle envers les membres d'un certain groupe.

Le pardon est un acte de libérer quelqu'un d'une punition qu'il mérite.

L'ACTIVITÉ

Vous aurez besoin de ces articles pour cette activité:

• Des bâtons lumineux, des petites lampes de poche ou des bougies

Pendant l'étude, donnez à chaque enfant un bâton lumineux, une lampe de poche ou une bougie. Demandez aux enfants de se tenir en file indienne. Éteignez les lumières et dites au premier enfant de créer une lumière (casser un bâton lumineux, allumer une lampe de poche ou une bougie). Puis, dites au deuxième enfant en file de faire la même chose. Continuez jusqu'à la fin de la file pour créer une chaîne de lumières. Demandez : **Quel était l'état de la salle avant que les lumières étaient allumées ? Que se passe-t-il quand d'autres gens illuminent leurs lumières ? Comment cela illustre-t-il ce qui se passe dans le monde quand les gens entendent l'Évangile ?** Dites : **De même que nous avons crée ensemble une chaîne de lumières, les disciples avaient besoin d'aide pour s'occuper des croyants et répandre la lumière de la bonne nouvelle au sujet de Jésus. Qu'ont-ils fait pour obtenir l'aide qu'ils avaient besoin ?**

LA LECON BIBLIQUE

Préparez une histoire de la Bible basée sur les versets bibliques de la leçon. Une version simple à lire du passage biblique est inclut à la fin de ce livre aux pages 131-159. Les enfants comprennent mieux la leçon si vous la leur raconter au lieu de la lire.

Après l'histoire, encouragez les enfants à répondre aux questions suivantes. Il n'y a pas de bonnes ou de mauvaises réponses. Ces questions vont aider les enfants à comprendre l'histoire et à l'appliquer à leurs vies.

1. **Pourquoi les Hellénistes étaient-ils malheureux? Expliquez votre réponse. Comment les chrétiens aujourd'hui prennent-ils soin de ceux dans le besoin?**

2. **Comment arrivez-vous à une décision juste quand vous avez une différence d'opinion avec un frère ou une soeur?**

3. **Quel était la réaction d'Étienne envers ceux qui l'ont lapidé, une semblable à celle que Jésus a eue sur la croix?**

4. **Saul a commencé à persécuter l'Église après la mort d'Étienne. Est-ce que les chrétiens aujourd'hui sont persécutés? Avez-vous déjà connu la persécution.**

5. **Comment pensez-vous que Dieu veut que nous réagissions face à des questions d'injustice et de persécution?**

Dites : **Il y plusieurs choses qui vont nous arriver dans la vie, et que nous ne serions pas en mesure de contrôler. Toutefois, nous avons la possibilité de choisir comment nous répondons à ces choses.**

Dieu s'attend à ce que nous démontrons l'amour, la miséricorde, la justice et que nous lui obéissons en tous temps.

LE VERSET À RETENIR

Pratiquez le verset à retenir de l'étude. Vous trouverez des suggestions pour les activités des versets à retenir aux pages 127-128.

LES ACTIVITÉS SUPPLÉMENTAIRES

Choisissez parmi ces options pour améliorer l'étude biblique des enfants.

1. Étienne a été exécuté à cause de sa foi. Demandez aux élèves de faire des recherches sur d'autres personnes qui ont été tuées pour leur foi (les martyrs). Utilisez une encyclopédie ou un dictionnaire biblique pour trouver cette information.

2. Aider les élèves à avoir un entretien avec les personnes âgées dans leurs familles, leurs églises ou communautés. Posez des questions au sujet des personnes qui sont décédées. Prenez note du nom de la personne, l'âge au moment du décès, et toutes autres informations additionnelles. Renseignez- vous au sujet de la foi de la personne, et de quel type d'influence elle avait sur ceux qui l'entouraient. Comparez et contrastez ceci à la vie et la mort d'Étienne.

QUESTIONS À CHOIX MULTIPLES POUR LE NIVEAU DE BASE

Pour préparer les enfants à ce concours, lisez Actes 6.1-15; 7.51-8.3.

1 Quel était le murmure des Hellénistes? (6.1)

1. Leurs hommes n'avaient pas assez de travail.
2. **Leurs veuves étaient négligées.**
3. Les réponses ci-dessus sont correctes.

2 Quel est l'homme qui était plein de foi et d'Esprit (6.5)

1. **Étienne**
2. Nicolas
3. Philippe

3 Envers quoi les membres de la synagogue dites les Affranchis n'ont pas pu resister ? (6.9-10)

1. La sagesse d'Étienne

2. L'Esprit par lequel il parlait

3. **Les réponses ci-dessus sont correctes.**

4 Lorsque le Sanhédrin a fixé les regards sur Étienne, ils ont remarqué quelque chose. Qu'est-ce que c'était ? (6.15)

1. Son visage était rempli de peur.

2. **Son visage était comme celui d'un ange.**

3. Son visage ne montrait pas d'émotions.

5 Dans quel état d'esprit étaient les membres du Sanhédrin, tous comme leur pères ? (7.51)

1. **Ils se sont toujours opposés au Saint-Esprit.**

2. Ils ne donnaient pas à manger aux veuves.

3. Ils ont toujours suivi le Saint-Esprit.

6 Qu'a vu Étienne quand il a fixé les regards au ciel ? (7.55-56)

1. Il a vu les anges se prosternaient aux pieds de Dieu.

2. **Il a vu le Fils de l'homme debout à la droite de Dieu.**

3. Il a vu les apôtres à côté de Jésus.

7 Quelle était la prière d'Étienne quand on le lapidait ? (7.59)

1. « Seigneur Jésus, ne m'impute pas cette punition. »

2. « Seigneur Jésus, punis ces gens. »

3. **« Seigneur Jésus, reçois mon esprit. »**

8 Qui a approuvé le meurtre d'Étienne ? (8.1)

1. **Saul.**

2. Pierre

3. Jean

9 Que s'est-il passé au jour de la mort d'Étienne ? (8.1)

1. Plusieurs personnes sont tombées malades et sont mortes.

2. Le Saint-Esprit a rempli tous les croyants.

3. **Une grande persécution contre l'Église de Jérusalem eut lieu.**

10 Après la mort d'Etienne, qu'a fait Saul ? (8.3)

1. Il a commence à persécuter l'Église.

2. Il a pénétré de maison en maison, et a arraché hommes et femmes et les a fait jeter en prison

3. **Les réponses ci-dessus sont correctes.**

QUESTIONS À CHOIX MULTIPLES POUR LE NIVEAU AVANCÉ

Pour préparer les enfants à ce concours, lisez Actes 6.1-15; 7.51-8.3.

1 Comment le livre des Actes décrit-il Étienne ? (6.5)

1. **Un homme plein de foi et d'Esprit.**

2. Un homme riche avec plusieurs propriétés.

3. Un homme avec un travail important.

4. Toutes les réponses ci-dessus sont correctes.

2 Que s'est-il passé quand les membres du Sanhédrin dites les Affranchis ont essayé de résister Étienne ? (6.9-10)

1. Ils ont gagné leurs arguments.

2. **Ils ne pouvaient résister à sa sagesse et à l'Esprit par lequel il parlait.**

3. Étienne s'est mis en colère et a argumenté contre eux.

4. Le Seigneur les a tués.

3 Qu'ont dit quelques hommes subornés au sujet d'Étienne ? (6.11)

1. **« Nous l'avons entendu proférer des paroles blasphématoires contre Moïse et contre Dieu. »**

2. Étienne n'a rien fait de mal; laissez-le continuer de travailler parmi nous. »

3. « Prenez Étienne et ses mensonges loin de nous. »

4. « Chaque parole qu'Étienne dit est vraie. »

4 Qu'ont vu ceux qui siégeaient au Sanhédrin quand ils ont fixé les regards sur Étienne ? (6.15)

1. Ils ont vu que ses yeux étaient fermés.

2. Ils l'ont vu rire.

3. Ils ont vu des anges autour de lui.

4. **Ils ont vu son visage paraître comme celui d'un ange.**

5 Qu'a fait Étienne quand il était rempli du Saint-Esprit ? (7.55)

1. Il a fixé les regards vers le ciel.

2. Il a vu la gloire de Dieu.

3. Il a vu Jésus debout à la droite de Dieu.

4. **Toutes les réponses ci-dessus sont correctes.**

6 Qu'est-ce que les témoins de la lapidation d'Étienne ont fait ? (7.58)

1. Ils ont prié pour Étienne.

2. Ils ont pleuré à cause de leurs angoisses.

3. Ils on applaudi ceux qui l'ont lapidé.

4. **Ils ont déposé leurs vêtements aux pieds de Saul.**

7 Qu'est-ce qu'Étienne a écrié quand il s'est mis à genoux ? (7.60)

1. « Seigneur, punis-les pour ce péché contre moi. »

2. « Seigneur, s'il te plait, aide-moi. »

3. **« Seigneur, ne leur impute pas ce péché. »**

4. « Seigneur, protège les autres croyants. »

8 Quels sont ceux qui étaient dispersés dans la contrée de Judée et Samarie parce qu'une grande persécution a eut lieu contre l'Église de Jérusalem ? (8.1)

1. **Tous, excepté les apôtres**

2. Seulement Philippe et Étienne

3. Tous les Juifs

4. Personne

9 Après la mort d'Étienne, qu'a fait Saul ? (8.3)

1. A ravagé l'Église

2. A pénétré de maison en maison

3. A arraché hommes et femmes et les a jetés en prison

4. **Toutes les réponses ci-dessus sont correctes.**

10 Complétez ce verset: « Heureux l'homme qui supporte patiemment la tentation; car, après avoir été éprouvé, il recevra... » (Jacques 1.12)

1. « ...des récompenses incommensurables et la vie éternelle. »

2. **« ...la couronne de vie, que le Seigneur a promise à ceux qui l'aiment. »**

3. « ...tout ce qu'il desire. »

4. « ... dix fois ce qu'il a sacrifié »

LE VERSET À RETENIR

La révélation de tes paroles éclaire. Elle donne de l'intelligence aux simples. (Psaume 119.130)

LA VÉRITÉ BIBLIQUE

Dieu nous donne à comprendre ses paroles afin que nous puissions avoir une relation avec lui.

LE CONSEIL PÉDAGOGIQUE

• Lorsque Pierre et Jean se sont rendus en Samarie pour saluer les croyants, cela est devenu un événement historique. Il y avait des centaines d'années de séparation, de ressentiment, de mépris entre les Juifs et les Samaritains. Des années d'animosité ont été remplacées par un esprit d'unité et d'identité alors que ces hommes sont devenus frères en Christ.

• Dans cette histoire, l'Éthiopie se réfère à un endroit différent de celui d'aujourd'hui. C'était une combinaison de l'actuel Sud de l'Égypte et du Nord du Soudan. Dans la Bible, ce domaine est également désigné sous le nom de Cush et de la Nubie.

Philippe allait de lieu en lieu

LE COMMENTAIRE BIBLIQUE

Après que l'Église était dispersée, les croyants ont prêché partout où ils allaient de lieu en lieu. Philippe était l'un des premiers croyants qui a quitté Jérusalem à cause de la persécution. Il est allé en Samarie et a prêché au sujet du royaume de Dieu. En raison de son obéissance, de nombreuses personnes ont cru et ont été baptisées, y compris un sorcier nommé Simon.

A cause du travail fidèle de Philippe, Pierre et Jean sont venus de Jérusalem pour prier pour les nouveaux croyants. Les apôtres ont imposé leurs mains sur eux, et ils ont reçu le Saint-Esprit. Quand Simon a vu cela, Il a voulu acheter la possibilité de donner le Saint-Esprit aux gens. Comme Ananias et Saphira, nous avons l'histoire de l'un des premiers croyants qui a commis un péché, et les apôtres ont corrigé la situation rapidement.

Pierre a réprimandé Simon parce qu'il était plus impressionné par la démonstration de la puissance, que le souci du salut des autres. Il voulait contrôler l'Esprit de Dieu afin qu'il puisse continuer à être une personne puissante. Pierre a dit que le cœur de Simon n'était pas droit devant Dieu. Il lui a aussi dit de se repentir de sa méchanceté. Simon a reconnu l'autorité de Pierre et lui a demandé de prier pour lui. Il est difficile de savoir si Pierre a fait ceci ou non, ou si Simon s'est repenti de son péché. La repentance implique un changement de la pensée, des intentions et des actions, cela veut dire se détourner des désirs égoïstes et se tourner vers Dieu.

Ensuite, l'Esprit a dirigé Philippe pour parler à l'eunuque éthiopien. Selon Deutéronome 23.1, l'eunuque n'était pas autorisé à rentrer dans le temple; même s'il était un homme dévoué et se rendait à Jérusalem pour adorer. Il rentrait chez lui quand il a rencontré Philippe. Philippe lui a expliqué que Jésus était le Christ. Cette nouvelle au sujet de Jésus a aidé l'eunuque à mieux comprendre le message de l'amour de Dieu. Cette révélation a changé sa vie. Philippe a baptisé l'eunuque.

LES PAROLES DE NOTRE FOI

Un sorcier est une personne qui pratique la magie noire, ou utilise des incantations ou des sorts pour obtenir des pouvoirs surnaturels à travers les mauvais esprits. Simon était un sorcier qui se ventait de son propre pouvoir au lieu de la puissance de Dieu.

Pécher c'est désobéir à Dieu. Pécher est de mettre sa propre volonté au-dessus de celle de Dieu. Pécher peut se référer à la condition spirituelle ou l'action d'une personne.

Un eunuque est un homme qui n'est pas en mesure d'avoir des enfants. Les eunuques étaient souvent des membres de la cour royale.

L'ACTIVITÉ

Avant l'étude, recrutez un adulte qui aime faire des actions drôles et stupides qui feront rire les enfants. Pendant l'étude, encouragez les enfants à jouer à ce jeu « suivez le chef de file ». Le leader va faire une action stupide (sauter de haut en bas, sautiller sur un pied, tordre ses oreilles et ainsi de suite). Les enfants vont imiter les actions du leader. Après quelques secondes, le leader va faire une action différente et les élèves doivent faire exactement ce que le leader fait. Jouez ce jeu autant que le temps vous le permet.

Dites : **L'étude biblique d'aujourd'hui est au sujet de Philippe. Saul cherchait les chrétiens pour les arrêter. Il allait de maison en maison pour les trouver. Les chrétiens se sont dispersés en plusieurs différentes directions parce qu'ils n'étaient plus en sécurité à Jérusalem. Quand Philippe a quitté Jérusalem, il suivait son leader—Dieu. L'Esprit de Dieu a conduit Philippe en Samarie et dans le désert. Dans l'étude d'aujourd'hui, nous allons apprendre davantage sur ce que Philippe a fait pendant qu'il a suivi son leader.**

LA LEÇON BIBLIQUE

Préparez une histoire de la Bible basée sur les versets bibliques de la leçon. Une version simple à lire du passage biblique est inclut à la fin de ce livre aux pages 131-159. Les enfants comprennent mieux la leçon si vous la leur raconter au lieu de la lire.

Après l'histoire, encouragez les enfants à répondre aux questions suivantes. Il n'y a pas de bonnes ou de mauvaises réponses. Ces questions vont aider les enfants à comprendre l'histoire et à l'appliquer à leurs vies.

1. **La persécution des croyants les a causés à se disperser dans plusieurs régions différentes. Comment cela est-il devenu une bonne chose ?**

2. **Pourquoi l'envoi de Pierre et Jean en Samarie par les apôtres est-il devenu un tel événement majeur ?**

3. **Avez-vous vu des relations brisées qui ont été unies par la puissance du Saint-Esprit ? Partagez ces histoires avec les uns et les autres.**

4. **Philippe a obéi au Seigneur. À quelle mesure est-il important pour vous d'obéir au Seigneur ? Expliquez votre réponse.**

5. **L'eunuque a demandé d'être baptisé ? Avez-vous été baptisés ? Pensez-vous qu'il est important d'être baptisé ? Pourquoi ?**

Dites : **Dieu est capable de faire des miracles quand les gens lui obéissent avec assurance. Le Saint-Esprit nous aide à choisir l'obéissance à Dieu, au-dessus de notre propre orgeuil ou égoïsme.**

LE VERSET À RETENIR

Pratiquez le verset à retenir de l'étude. Vous trouverez des suggestions pour les activités des versets à retenir aux pages 127-128.

LES ACTIVITÉS SUPPLÉMENTAIRES

Choisissez parmi ces options pour améliorer l'étude biblique des enfants.

1. Créez un test d'un verset de la Bible utilisant le passage de l'étude d'aujourd'hui. Rédigez des phrases du passage en laissant de côté le mot le plus important. Distribuez les tests parmi les enfants et demandez-leur de les compléter. Exemple: Philippe, étant descendu dans une ville de _____ (8.5).

2. Philippe et l'eunuque éthiopien étaient différents de plusieurs manières. Ils avaient des caractéristiques physiques très différentes. Ils provenaient de pays différents, et avaient des cultures différentes. Choisissez une autre culture qui vous intéresse. Faites un rapport de ce que vous avez découvert. Quelles sont certaines de ces différences ? Quelles sont les choses que votre culture a en commun avec l'autre culture ? Quand nous connaissons quelque chose au sujet d'une autre personne, il est plus facile de partager l'amour de Dieu avec elle. Souvenez-vous, Dieu invite quiconque à accepter son salut. Partagez ce que vous avez découvert avec les enfants.

QUESTIONS À CHOIX MUILTIPLES POUR LE NIVEAU DE BASE

Pour préparer les enfants à ce concours, lisez Actes 8.4-40.

1 Qu'est-ce que Philippe a fait en Samarie ? (8.5)

1. Il a travaillé pour la ville.
2. **Il a prêché le Christ.**
3. Il a exercé la magie.

2 Qui a exercé la magie dans la ville de Samarie ? (8.9)

1. **Simon**
2. Philippe
3. Saul

3 Pourquoi les gens ont-ils suivi Simon le sorcier ? (8.9-11)

1. Parce qu'il les a guéri
2. **Parce qu'il les a étonnés depuis longtemps avec sa magie**
3. Parce qu'il leur a donné beaucoup d'argent

4 Que s'est-il passé quand Pierre et Jean ont imposé leurs mains sur les nouveaux croyants de Samarie ? (8.17)

1. **Ils ont reçu le Saint-Esprit**
2. Ils ont entendu le son d'un vent impétieux
3. Rien

5 Qu'est-ce que Simon a fait quand il a vu que l'Esprit était donné par l'imposition des mains ? (8.18)

1. Il a offert de devenir un disciple de Pierre et Jean.
2. **Il a offert de l'argent à Pierre et Jean.**
3. Il a imposé ses mains sur Pierre et Jean.

6 Qu'est-ce que Pierre a dit à Simon le sorcier de faire après qu'il ait essayé de payer pour recevoir le Saint-Esprit ? (8.20-22)

1. « Repends-toi de ta méchanceté. »
2. « Prie le Seigneur. »
3. **Les réponses ci-dessus sont correctes.**

7 Que faisait l'eunuque quand Philippe l'a rencontré ? (8.28)

1. Dormait
2. **Lisait le livre d'Ésaïe**
3. Mendiait de l'argent

8 Qui a dit à Philippe de s'avancer au char de l'eunuque et de s'approcher de lui ? (8.29)

1. Un ange du Seigneur
2. **L'Esprit**
3. Pierre

9 Qui a baptisé l'eunuque ? (8.38)

1. Jean
2. Simon
3. **Philippe**

10 Qu'a fait l'eunuque après qu'il ait été baptisé ? (8.39)

1. **Joyeux, il a poursuivi sa route.**
2. Il est parti malheureux.
3. Les réponses ci-dessus sont correctes.

QUESTIONS À CHOIX MULTIPLES POUR LE NIVEAU AVANCÉ

Pour préparer les enfants à ce concours, lisez Actes 8.4-40.

1 Qu'ont fait ceux qui ont été dispersés partout où ils allaient ? (8.4)

1. **Ils ont annoncé la Parole.**
2. Ils se sont cachés dans leurs maisons.
3. Ils ont prié pour que Dieu puisse détruire leurs ennemis.
4. Toutes les réponses ci-dessus sont corectes.

2 Pourquoi les gens ont-ils suivi Simon ? (8.11)

1. **Ils étaient dans l'étonnement depuis longtemps avec sa magie.**
2. Il les a payés pour le suivre.
3. Il a prêché au sujet de Christ.
4. Toutes les réponses ci-dessus sont correctes.

3 Qu'ont fait les hommes et femmes quand ils ont cru en Philippe et sa prédication ? (8.12)

1. Ils ont lapidé Simon.
2. Ils ont donné tout leur argent aux pauvres.
3. Ils ont consacré leurs enfants à Dieu.
4. **Ils se sont faits baptisés.**

4 Qu'est-ce que Simon voulait que les apôtres lui donnent ? (8.18-19)

1. **La possibilité d'imposer les mains pour que quiconque reçoive le Saint-Esprit.**
2. La possibilité de prêcher comme les apôtres
3. Les secrets des apôtres
4. Le Saint-Esprit

5 Qu'a dit Pierre à Simon quand il a offert de l'argent pour le don de Dieu ? (8.20-23)

1. « Il n'y a pour toi ni part ni lot dans cette affaire »
2. « Ton coeur n'est pas droit devant Dieu »
3. « Repends-toi de ta méchanceté »
4. **Toutes les réponses ci-dessus sont correctes.**

6 Pourquoi l'eunuque se rendait-il à Jérusalem ? (8.27)

1. Pour signer des accords entre son pays et Jérusalem
2. Pour visiter Candace, la reine d'Éthiopie
3. Pour acheter de la nourriture et des vêtements
4. **Pour adorer**

7 Qu'est-ce que l'eunuque lisait quand Philippe l'a rencontré ? (8.28)

1. Le livre d'Apocalypse
2. **Le livre d'Ésaïe.**
3. Les rapports du trésor
4. Le livre de Jérémie

8 Qu'a dit Philippe à l'eunuque quand Il lui a demandé qu'elle fût la personne mentionnée dans le livre d'Ésaïe ? (8.34-35)

1. **Philippe lui a annoncé la bonne nouvelle de Jésus.**
2. Philippe lui a parlé de la lapidation d'Étienne
3. Philippe lui a dit qu'il ne comprenait pas ce que le prophète a voulu dire
4. Philippe lui a dit qu'il doit se faire baptiser en premier

9 Où se trouvait Philippe après qu'il ait baptisé l'eunuque ? (8.40)

1. **Dans l'Azot**
2. Dans la Samarie
3. Dans l'Éthiopie
4. Dans Jérusalem

10 Selon le Psaume 119.130, qu'est-ce qui éclaire et donne de l'intelligence aux simples ? (Psaume 119.130)

1. Le soleil
2. Un portrait de Jésus
3. **La révélation des paroles de Dieu**
4. La lune et les étoiles

LA VÉRITÉ BIBLIQUE

Dieu transforme qui nous sommes et comment nous vivons.

LE CONSEIL PÉDAGOGIQUE

• Damas était une ville au bord du désert. C'était un centre commercial très fréquenté, à environ 225 kilomètres de Jérusalem. Le voyage pour y aller prenait à peu près une semaine et demi à pieds, ce qui était normal.

• Actes 8.18 et 9.17 se réfèrent « à l'imposition des mains. » C'était une pratique biblique commune, et l'Église l'utilise encore aujourd'hui. Quand nous imposons les mains sur quelqu'un, nous représentons l'Esprit de Dieu sous la forme d'un contact physique.

Actes 9.1-31

Saul est transformé

LE COMMENTAIRE BIBLIQUE

L'histoire de la transformation de Saul est l'une des nombreuses histoires de conversion dramatiques dans les Actes. Ce type d'expérience n'arrive pas à tout le monde, mais l'histoire nous rappelle que Dieu atteint les gens à travers une multitude de méthodes.

La conversion de Saul est arrivée après sa rencontre personnelle avec le Christ ressuscité. Après sa conversion, Saul est devenu une partie de la même communauté de croyants qu'il a persécutée. Ananias et la plupart des croyants à Damas connaissaient Saul et le craignaient. Toutefois, le Seigneur a utilisé Ananias pour guérir Saul et lui souhaiter la bienvenue dans la communauté des croyants. Barnabas a encouragé les autres disciples à accepter Saul; et il est devenu un ami et partisan du ministère de Saul.

À cause du mode de vie passé de Saul, Dieu était capable de l'utiliser de façons uniques pour partager l'évanglie avec les Juifs, et plus tard avec les païens. Saul a souffert la persécution parce qu'il a refusé de céder à la pression des adversaires du Christ. Ceux qui n'ont pas pris en compte Jésus, comme Seigneur et Christ, ont aussi résisté le témoignage de Saul. Il était commun pour les fidèles de Jésus de vivre l'opposition, puisque les gens qui cherchaient des positions de pouvoir négligeaient souvent Jésus et son message.

Même si Saul a eu une expérience de conversion dramatique, il ne s'est pas arrêté de grandir comme disciple de Christ. Sa croissance a continué à travers sa vie. Chaque jour, il apprenait de plus en plus ce que Dieu voulait qu'il devienne. Alors que d'autres croyants lui ont enseigné des choses additionnelles au sujet de Jésus, son zèle pour proclaimer la foi à d'autres gens a augmenté. Auparavant, il a apporté la peur et la mort aux gens, mais après avoir rencontré Jésus, il a proclamé l'espérance et la vie.

En tant que chrétiens, Dieu nous demande de faire plusieurs de ces mêmes tâches comme les premiers croyants. Ananias et Barnabas nous enseignent à nous encourager les uns les autres, malgré nos craintes. Venant de Saul, nous apprenons à proclamer l'espérance et la lumière à ceux qui vivent dans la peur et les ténèbres. Comme plusieurs des autres premiers croyants, une bonne partie de ceux qui ne sont pas nommés dans Actes, nous apprenons que notre travail consiste d'être des témoins fidèles, à l'œuvre qui est en cours pour le Christ.

LES PAROLES DE NOTRE FOI

La foi c'est d'avoir la confiance en Dieu qui conduit les gens à croire ce que Dieu a dit, de dépendre sur lui, et de lui obéir. La foi est la confiance en action.

Saul est aussi connu comme **Saul de Tarse**, et était un citoyen romain qui a consacré sa vie passée à persécuter les chrétiens. Il s'est converti au Christianisme, et est devenu un leader éminent de l'Église primitive.

Les païens sont toutes personnes qui ne sont pas juifs.

L'Église représente les gens qui connaissent et aiment Dieu et son Fils, Jésus. L'Église comprend tous les croyants, partout où ils sont. L' « Église primitive » est un terme qui se réfère aux premiers chrétiens, et les contemporains de Paul.

La Voie se rapporte à la foi chrétienne. Dans un premier temps, le mot « Chrétien » n'était pas utilisé pour décrire ceux qui croyaient en Jésus. Au lieu de cela, les premiers chrétiens se sont servis du terme « adeptes de la Voie » pour se décrire. Dans Jean 14.6, Jésus se décrit comme « la Voie ou le Chemin. »

L'ACTIVITÉ

Vous aurez besoin de ces articles pour cette activité:

- Des morceaux de papier (un pour chaque enfant)
- Des stylos ou crayons à papier

Avant la classe, écrivez les paroles de 2 Corinthiens 5.17 sur les morceaux de papier. Préparez-en assez pour chaque enfant. Distribuez les versets aux enfants. Dites, **Dieu a le pouvoir de changer la vie d'une personne. Dans l'étude d'aujourd'hui, nous apprenons au sujet d'un homme qui a été transformé complétement. Voici un verset de la Bible qui nous parle de ce changement.**

Lisez 2 Corinthiens 5.17. Discutez de la signification de ces mots ou phrases qui sont familiers aux enfants.

Aidez les enfants à former des groupes de deux afin qu'ils peuvent s'entraider pour retenir le verset. Donnez des instructions aux enfants pour qu'ils lisent un mot du verset à tour de rôle. Le premier enfant lit le premier mot, puis l'autre enfant lit le deuxième. Le premier lit le troisième et puis l'autre enfant lit le quatrième. Continuez jusqu'à ce que les enfants puissent réciter le verset sans regarder le papier.

Dites, **Dans l'étude d'aujourd'hui, Saul a changé ses idées et ses croyances au sujet de Jésus. Vous pouvez apporter le papier avec le verset chez vous et l'en-**

seigner à quelqu'un d'autre.

LA LEÇON BIBLIQUE

Préparez une histoire de la Bible basée sur les versets bibliques de la leçon. Une version simple à lire du passage biblique est inclut à la fin de ce livre aux pages 131-159. Les enfants comprennent mieux la leçon si vous la leur raconter au lieu de la lire.

Après l'histoire, encouragez les enfants à répondre aux questions suivantes. Il n'y a pas de bonnes ou de mauvaises réponses. Ces questions vont aider les enfants à comprendre l'histoire et à l'appliquer à leurs vies.

1. **Pourquoi Paul haïssait-il les disciples de Jésus à ce point ?**

2. **Pourquoi pensez-vous que la conversion de Saul est si importante ?**

3. **Si vous étiez à la place d'Ananias, comment vous seriez-vous ressenti quand le Seigneur vous aurait dit de parler à Saul ?**

4. **Barnabas a accepté Saul comme une personne que Dieu a transformée. Comment acceptez-vous les gens qui ont été transformés par le Seigneur ? Êtes-vous capables de mettre de côté les anciens sentiments et d'aider un nouveau chrétien ?**

5. **Quand Saul est arrivé à Damas, Ananias était en train de prier. Pensez-vous que cela était utile pour Ananias alors qu'il essayait de comprendre ce que Dieu lui demandait ? Pourquoi ?**

Dites : **Dieu travaille souvent de manières que nous n'attendons pas. Nous devons mettre de côté nos propres idées, et lui faire confiance. La prière est importante exactement pour cette raison. La prière n'est pas simplement de demander à Dieu, mais aussi d'écouter Dieu. Dieu nous révèle souvent sa volonté quand nous prions et cherchons sa direction.**

LE VERSET À RETENIR

Pratiquez le verset à retenir de l'étude. Vous trouverez des suggestions pour les activités des versets à retenir aux pages 127-128.

LES AVTIVITÉS SUPPLÉMENTAIRES

Choisissez parmi ces options pour améliorer l'étude biblique des enfants.

1. Discutez des moyens où Dieu a parlé avec Saul et Ananias (lumière, voix, vision, un autre croyant, etc…). Écrivez chacune de ces méthodes sur un autre morceau de papier. Fournissez une grande feuille de papier et quelques crayons, des stylos ou des crayons à papier. Demandez des volontaires pour sélectionner un des petits morceaux de papier. Puis, demandez-lui/la de dessiner quelque chose qui représente cette méthode de communication. Assistez-les selon leurs besoins. Par exemple, si le morceau de papier a une « voix » écrit dessus, l'enfant peut dessiner une bouche. Laissez les autres enfants essayer de deviner quelle forme de commmunication que l'enfant a dessiné. Affichez sur le mur de la classe la nouvelle affiche accompagnée du verset biblique.

Dites : **Dieu a utilisé des moyens peu communs pour parler à Saul et Ananias. Dieu communique encore avec nous aujourd'hui. Il veut t'entendre.**

2. Dites : **Dieu communique encore avec les gens aujourd'hui.** Demandez aux enfants de partager des moyens où Dieu peut leur parler. Faites une liste de ces méthodes sur le tableau ou sur un grand morceau de papier. Insérez des méthodes telles que la prière, la musique, les poêmes, les chants, les versets bibliques, les leçons bibliques, les ser-

mons, les témoignages, les amis, les autres chrétiens, les membres de famille et les livres.

Dites : **Dieu nous aime et se sent préocuppé par ce que nous vivons. Il sait quand nous sommes découragés ou dans le besoin d'une assistance. Si vous voulez entendre Dieu, souvenez-vous de la liste que nous avons faite. Imaginez tous les moyens uniques que Dieu peut utiliser pour communiquer avec vous. Soyez prêts à l'entendre.**

QUESTIONS À CHOIX MULTIPLES POUR LE NIVEAU DE BASE

Pour préparer les enfants à ce concours, lisez Actes 9.1-31.

1 Qui a respiré des menaces contre les disciples du Seigneur ? (9.1)
1. Philippe
2. **Saul.**
3. Pierre

2 Qui a dit, « Saul, Saul, pourquoi me persécutes-tu ? » (9.4-5)
1. Étienne
2. Pierre et Jean
3. **Jésus.**

3 Que s'est-il passé quand Saul s'est relevé de terre ? (9.8)
1. Il a couru au loin.
2. **Il ne voyait rien.**
3. Il a cherché la voix qui lui a parlé.

4 À qui le Seigneur a-t-il parlé dans une vision à Damas ? (9.10)
1. L'eunnuque
2. Jean
3. **Ananias.**

5 Qu'a dit le Seigneur à Ananias de faire à Damas ? (9-11)
1. « Va dans la maison de Judas, dans la rue qu'on appelle la droite. »
2. « Cherche un homme nommé Saul de Tarse. »
3. **Les reponses ci-dessus sont correctes.**

6 Que s'est-il passé quand Ananias a imposé ses mains sur Saul ? (9.17-18)
1. La vue de Saul était restaurée et il s'est enfui.
2. **Il est tombé de ses yeux comme des écailles et il a retrouvé la vue.**
3. Saul a arrêté Ananias et l'a mis en prison.

7 Que s'est-il passé après que Saul ait retrouvé de nouveau la vue ? (9.18-19)

1. Il fut baptisé.

2. Il prit de la nourriture.

3. **Les réponses ci-dessus sont correctes.**

8 A quel moment Saul a-t-il commencé de prêcher dans les synagogues à Damas que Jésus est le Fils de Dieu ? (9.20)

1. Àprès une semaine

2. Àprès qu'il ait reçu assez de formation

3. **Aussitôt.**

9 Qui a confondu les Juifs vivant à Damas en leur démontrant que Jésus est le Christ ? (9.22)

1. **Saul**

2. Ananias

3. Pierre

10 Qui a pris Saul avec lui pour le conduire devant les apôtres ? (9.27)

1. Pierre

2. **Barnabas.**

3. Ananias

QUESTIONS À CHOIX MULTIPLES POUR LE NIVEAU AVANCÉ

Pour préparer les enfants à ce concours, lisez Actes 9.1-31.

1 Contre qui Saul respirait-il des menaces ? (9.1)

1. **Les disciples du Seigneur.**

2. Le souverain sacrificateur

3. Les douze apôtres seulement

4. Toutes les réponses ci-dessus sont correctes

2 Pourquoi Saul voulait-il des lettres pour les synagogues à Damas ? (9.1-2)

1. Afin qu'il puisse leur dire au sujet du nouveau souverain sacrificateur

2. **Afin que s'il trouvait des partisans de la Voie, il les amènerait liés en prison**

3. Afin qu'il puisse leur dire ce qu'ils faisaient mal

4. Afin qu'il puisse avoir la permission de prêcher là

3 Que s'est-il passé alors que Saul s'est approché de Damas ? (9.3-4)

1. Tout à coup, une lumière venant du ciel resplendit autour de lui.

2. Il est tombé par terre.

3. Il a entendu une voix qui lui a dit, « Saul, Saul, pourquoi me persécutes-tu. »

4. **Toutes les réponses ci-dessus sont correctes.**

4 Le Seigneur a dit à Saul qu'il était son instrument choisi. Que va faire Paul ? (9.15)

1. Il va diriger les Juifs à la terre promise.

2. **Il va porter le nom du Seigneur devant les nations, les rois, et devant les fils d'Israël.**

3. Il va persécuter les Juifs et les païens.

4. Il va punir ceux qui vont se tenir contre les disciples.

5 Pourquoi les disciples de Saul l'ont-ils pris pendant la nuit et l'ont descendu par la muraille dans une corbeille ? (9.23-25)

1. Parce que les portes étaient fermées

2. **Parce que les Juifs se sont concertés pour le tuer**

3. Parce que les disciples de Saul avaient honte de lui

4. Parce que Saul était toujours aveugle

6 Qui a eu peur de Saul quand il est venu à Jérusalem) (9.26)

1. Les Juifs et les païens

2. Sea amis et sa famille

3. **Les disciples**

4. Barnabas et Jean

7 Qu'a dit Barnabas aux apôtres au sujet de Saul ? (9.27)

1. Comment Saul sur le chemin de Damas a vu le Seigneur

2. Comment le Seigneur lui a parlé

3. Comment Saul a prêché franchement au nom de Jésus à Damas

4. **Toutes les réponses ci-dessus sont correctes.**

8 Que s'est-il passé quand les frères ont appris que les Hellénistes ont essayé de tuer Saul ? (9.29-30)

1. **Ils l'ont emmené à Césarée et l'ont fait partir pour Tarse.**

2. Ils ont arrêté les Hellénistes.

3. Ils ont protégé Saul avec des fusils et des lances.

4. Ils ont désavoué Saul.

9 Qu'est-il arrivé à l'Église dans toute la Judée, la Galilée et la Samarie ? (9.31)

1. Elle était en paix

2. Elle était édifiée

3. Elle était encouragée par l'assistance du Saint-Esprit et croissait en nombre

4. **Toutes les réponses ci-dessus sont correctes.**

10 Complétez ce verset: « Si quelqu'un est en Christ, il est une nouvelle créature, les choses anciennes… » (2 Corinthiens 5.17)

1. « …peuvent être oubliées à jamais. »

2. **« …sont devenues nouvelles. »**

3. « …ont été lavées plus blanc que la neige. »

4. « …promettent que la vie éternelle est la vôtre. »

LE VERSET À RETENIR

Ne vous conformez pas au siècle présent, mais soyez transformés par le renouvellement de l'intelligence, afin que vous discerniez quelle est la volonté de Dieu, ce qui est bon, agréable et parfait.
(Romains 12.2)

LA VÉRITÉ BIBLIQUE

Dieu est capable de changer la manière que nous pensons.

LE CONSEIL PÉDAGOGIQUE

Joppé est une ville sur la côte méditerranéenne, à environ 56 kilomètres de Jérusalem.

Manger ou ne pas manger

LE COMMENTAIRE BIBLIQUE

Dieu utilise parfois des visions pour révéler sa volonté et son but. Deux visions prennent place dans cette histoire.

Corneille était un centenier païen qui vivait à Césarée. Actes le décrit ainsi que sa famille comme « pieux et craignant Dieu » (10.1). Il était un homme avec une autorité dont son dévouement était mis en évidence dans ses gestes d'aumônes et de prières continues.

Les premiers croyants priaient trois fois par jour (à neuf heures, midi, et à trois heures de l'après-midi). Donc, il n'était pas surprenant de voir Corneille en train de prier. Pendant qu'il priait, il a vu un ange de Dieu qui lui a dit d'envoyer chercher Pierre. L'histoire ne nous dit pas si Corneille a eu un doute pour cette requête, mais il devait sûrement savoir que les Juifs ne recevaient pas les païens dans leurs maisons. Toutefois, Corneille a obéi fidélement à Dieu.

Dans la prochaine partie de l'histoire, Pierre a également vu une vision. En route vers Joppé, il a eu une vision d'une nappe descendant du ciel avec des animaux dessus, impurs et propres. Selon la loi juive, Pierre savait qu'il n'était pas autorisé à manger toutes choses vues comme impures. Cependant, dans cette vision, Dieu lui a parlé et a dit « ce que Dieu a déclaré pur, ne le regarde pas comme souillé » (10.15). Pierre n'a pas compris ce que la vision signifiait, mais il allait bientôt le savoir.

Les hommes que Corneille a envoyés sont arrivés. À cause de cette vision, Pierre a fait deux choses que la loi juive n'autorisait pas : il a invité les hommes à passer la nuit, et le lendemain, il s'est rendu à la maison de Corneille. Dieu a fait tomber des barrières culturelles qui séparaient les Juifs des païens.

Le Saint-Esprit a travaillé simultanément dans les vies de Corneille et de Pierre pour répandre le message de Dieu à de nouvelles personnes.

LES PAROLES DE NOTRE FOI

Un juste est quelqu'un qui a une bonne relation avec Dieu et lui obéi à cause de cette relation. Être juste c'est d'être comme Christ en pensées, paroles et actions.

La loi de Moïse représente les règles que Dieu a données à Moïse pour enseigner le peuple d'Israël comment vivre. Parfois la loi de Moïse est simplement appelée la loi. Ces règles sont trouvées dans les premiers cinq livres de l'Ancien Testament.

L'ACTIVITÉ

Vous aurez besoin de ces articles pour cette activité :

- Des morceaux de papier (un par enfant)

- Des stylos ou crayons

- Une feuille, un grand morceau de toile, ou une grande feuille de papier

- Un papier pour faire une petite affiche

Avant la classe, écrivez le mot « Juif » ou « païen » sur les morceaux de papier. Fournissez un morceau de papier par enfant. Si possible, ayez un nombre égal pour chaque mot. Sur un morceau de papier, écrivez « Corneille. » Placez une feuille, un grand morceau de toile, ou une grande feuille de papier par terre. Écrivez les mots « le royaume de Dieu » sur le morceau de papier. Placez l'affiche au milieu de la toile.

Dites : **Les Juifs étaient les gens qui croyaient en Dieu et suivaient les lois juives. Ils se considéraient eux-mêmes comme le peuple de Dieu et une partie du royaume de Dieu. Toute personne qui n'était pas un juif était un païen.**

Distribuez les papiers aux enfants. Montrez du doigt la toile et l'affiche.

Dites : **Je veux que toute personne qui a le mot « Juif » se tienne debout sur la toile.**

Dans le Nouveau Testament, il y avait des païens qui connaissaient Dieu, suivaient ses lois, et le priaient journalièrement. Corneille était l'un d'eux. Demandez à la personne qui a le papier écrit Corneille de marcher sur la toile.

Dites : **Dans l'étude d'aujourd'hui, nous apprenons comment Dieu a travaillé à travers Corneille pour aider Pierre à apprendre une leçon importante. Gardez vos papiers. À la fin de l'étude, nous apprenons comment les païens sont devenus une partie du royaume de Dieu. Alors, tous, vous pouvez joindre « le royaume de Dieu » sur la toile.**

LA LEÇON BIBLIQUE

Préparez une histoire de la Bible basée sur les versets bibliques de la leçon. Une version simple à lire du passage biblique est inclut à la fin de ce livre aux pages 131-159. Les enfants comprennent mieux la leçon si vous la leur raconter au lieu de la lire.

Après l'histoire, encouragez les enfants à répondre aux questions suivantes. Il n'y a pas de bonnes ou de mauvaises réponses. Ces questions vont aider les enfants à comprendre l'histoire et à l'appliquer à leurs vies.

1. Pourquoi pensez-vous que l'ange a dit à Corneille d'envoyer des hommes pour ramener Pierre à sa maison ?

2. Pourquoi Pierre était-il concerné quand la voix lui a dit de tuer et manger les animaux qu'il a vus dans la nappe ?

3. Que serait le monde si tout le monde était le même ? Si tout était d'une seule couleur et forme ? Ou s'il y avait seulement un type de nourriture à manger ? Pourquoi pensez-vous que Dieu a créé une telle variété de personnes ?

4. Comment traitez-vous les gens qui sont différents de vous ? Comment pensez-vous que Dieu veuille que vous traitiez les personnes qui sont différentes ?

Dites : **Nous tentons parfois de faire les autres devenir comme nous-mêmes. Mais ce n'est pas un bon objectif. Nous pouvons aimer et valoriser une personne parce qu'elle a été créée par Dieu. Un meilleur objectif pour nous est de vouloir être comme Christ. Les croyants peuvent être très différents dans leurs façons d'être et leurs cultures. Mais ces mêmes croyants peuvent également trouver des attitudes et actions familières quand ils sont guidés par le Saint-Esprit.**

LE VERSET À RETENIR

Pratiquez le verset à retenir de l'étude. Vous trouverez des suggestions pour les activités des versets à retenir aux pages 127-128.

LES ACTIVITÉS SUPPLÉMENTAIRES

Choisissez parmi ces options pour améliorer l'étude biblique des enfants.

1. Dites : **Dans toutes les cultures, les gens trouvent des moyens de communiquer à travers des gestes ou des actions. Quels sont les gestes de politesse que nous utilisons pour communiquer ?** Discutez des gestes que vous utilisez pour communiquer les idées suivantes : pour dire bonjour, pour dire au revoir, quand quelque chose sent mauvais, pour s'asseoir, se mettre debout, venir ici, et de dire je t'aime.

Dites : **Dans la leçon d'aujourd'hui, nous apprenons que les gens peuvent changer leurs idées our leur façon de penser. Dieu peut nous aider à changer nos pensées. Voici un geste qui peut nous aider à nous rappeler de ceci.** Pointez vers le haut, comme si c'est vers Dieu, et puis appuyer votre pouce sur votre temple ou votre front. Laissez les enfants pratiquer cela. Dites : **Dieu a aidé Pierre de changer complétement ses idées au sujet de celui qui peut devenir un disciple de Jésus.**

2. Fournissez du papier et des crayons pour les enfants pour dessiner une image d'un de leurs rêves nocturnes. Demandez à des volontaires de partager brièvement. Demandez : **Comment la vision de Pierre a-t-elle changée sa vie et son travail pour Dieu ? Comment la vision de Pierre a-t-elle changée votre vie et votre relation avec Dieu ?**

QUESTIONS À CHOIX MULTIPLES POUR LE NIVEAU DE BASE

Pour préparer les enfants à ce concours, lisez Actes 10.1-23.

1 Comment le livre d'Actes décrit-il Corneille et sa famille ? (10.2)
1. **Des hommes pieux craignant Dieu**
2. Des collecteurs d'impôts et pécheurs
3. Des hommes réguliers, des gens normaux

2 Qui a apparu à Corneille dans sa vision ? (10.3)
1. Le Seigneur
2. Un visage indistinct
3. **Un ange de Dieu**

3 A quelle heure Pierre est-il allé sur le toit pour prier ? (10.9)
1. **Vers la sixième heure.**
2. À minuit.
3. Les réponses ci-dessus sont correctes.

4 Qu'a vu Pierre quand il était en train de prier ? (10.11-12)
1. **Il a vu le ciel ouvert, et un objet semblable à une grande nappe attachée par quatre coins qui descendait et s'abaissait vers la terre.**
2. Il a vu les hommes de Corneille s'approcher de la ville.
3. Il a vu un ange devant lui.

5 Qu'est-ce que la grande nappe contenait ? (10.12)
1. Toutes sortes de quadrupèdes.
2. Des reptiles de la terre et des oiseaux du ciel.
3. **Toutes les réponses ci-dessus sont correctes.**

6 Pierre a dit qu'il n'allait jamais rien manger d'impur ou souillé. Qu'est-ce que la voix a déclaré après cette confession ? (10.14-15)
1. **« Ce que Dieu a déclaré pur, ne le regarde pas comme souillé. »**
2. « Tu as raison Pierre, ne mange pas ses animaux. »
3. « Le Seigneur a rendu ces animaux assez purs pour les manger. »

7 A combien de reprises Pierre a-t-il vu la vision de la grande nappe ? (10.16)
1. Une fois
2. **Trois fois**
3. Dix fois

8 Qu'a demandé Pierre aux hommes que Corneille a envoyés ? (10.21)
1. « Que voulez-vous manger ? »
2. **« Quel est le motif qui vous amène ? »**
3. « Où allez-vous rester pour la nuit ? »

9 Qui Pierre a-t-il invité dans la maison pour être ses invités ? (10.19, 23)
1. Corneille
2. **Les trois hommes**
3. Les réponses ci-dessus sont correctes

10 Qu'a fait Pierre le lendemain après sa vision ? (10.23)
1. **Il a accompagné les hommes de Corneille.**
2. Il est allé à Jérusalem.
3. Il est allé à la synagogue pour prier.

QUESTIONS À CHOIX MULTIPLES POUR LE NIVEAU AVANCÉ

Pour préparer les enfants à ce concours, lisez Actes 10.1-23.

1 **Comment le livre des Actes décrit-il Corneille ? (10.1-2)**

1. Il était un homme pieux craignant Dieu.

2. Il était généreux envers ceux dans le besoin.

3. Il priait Dieu continuellement.

4. Toutes les réponses ci-dessus sont correctes.

2 **Comment Corneille a-t-il réagi envers l'ange de Dieu ? (10.3-4)**

1. Il est tombé sur ses genoux.

2. Il avait les regards fixés sur lui et était saisi d'effroi.

3. Il lui a souhaité la bienvenue dans sa maison.

4. Toutes les réponses ci-dessus sont correctes.

3 **Qu'est-il arrivé pendant que Pierre priait ? (10.9-11)**

1. Il a eu faim.

2. Il est tombé en extase.

3. Il a vu le ciel ouvert, et un objet semblable à une grande nappe attachée par les quatre coins qui descendait et s'abaissait vers la terre.

4. Toutes les réponses ci-dessus sont correctes.

4 **Qu'est-ce que la voix a déclaré à Pierre quand il a vu la nappe où se trouvaient tous les quadrupèdes ? (10.12-13)**

1. « Lève-toi, Pierre, tue et mange. »

2. « Partage ces animaux avec ceux qui vont venir te voir. »

3. « Sacrifie ces animaux au temple. »

4. « Ces animaux sont suffisamment purs pour que tu les manges. »

5 **Qu'a dit Pierre qu'il n'avait jamais mangé ? (10.14)**

1. Tout animal de tout genre

2. Tout type de fruits ou de légumes

3. Rien de souillé ni d'impur.

4. Toutes choses avec de la graisse dessus

6 **Qu'a déclaré la voix après que Pierre ait dit qu'il n'a jamais rien mangé d'impur ou de souillé ? (10.14-15)**

1. « Ce que Dieu a déclaré pur, ne le regarde pas comme souillé. »

2. « Tu as raison Pierre, ne mange pas ces animaux. »

3. « Le Seigneur a rendu ces animaux suffisamment purs pour les manger. »

4. Toutes les réponses ci-dessus sont correctes.

7 **Qu'a dit l'Esprit à Pierre pendant qu'il était en train de réfléchir sur la vision ? (10.19-20)**

1. « Trois hommes sont à ta recherche. »

2. « Lève-toi et descends. »

3. « N'hésite pas à aller avec eux, parce que je les ai envoyés. »

4. Toutes les réponses ci-dessus sont correctes.

8 **Qui a dit : « Je suis celui que vous cherchez. Quel est le motif qui vous amène ? » (10.21)**

1. Simon, le corroyeur

2. Un homme envoyé par Corneille

3. Pierre

4. Corneille

9 **Pourquoi l'ange a-t-il dit à Corneille de demander à Pierre de venir dans sa maison ? (10.22)**

1. Afin que Corneille puisse entendre les paroles que Pierre avaient à dire

2. Afin que Pierre puisse préparer des animaux impurs pour Corneille

3. Afin que Corneille puisse gagner plus de respect du peuple juif

4. Toutes les réponses ci-dessus sont correctes.

10 **Qui est allé avec Pierre et les trois hommes le lendemain ? (10.23)**

1. Simon le corroyeur et trois hommes.

2. **Quelques-uns des frères de Joppé**

3. Toute la famille de Pierre

4. Toutes les réponses ci-dessus sont correctes.

LE VERSET À RETENIR

Alors Pierre, ouvrant la bouche dit : En vérité, je reconnais que Dieu ne fait point acception de personnes, mais qu'en toute nation celui qui le craint et qui pratique la justice lui est agréable. (Actes 10.34-35)

LA VÉRITÉ BIBLIQUE

Le salut de Dieu est disponible pour tout le monde.

LE CONSEIL PÉDAGOGIQUE

Selon la loi juive, les animaux impurs ont un sabot solide. Les porcs sont considérés impurs et ne doivent pas être consommés. Les moutons et les vaches sont considérés comme des animaux propres et peuvent être mangés. Discutez avec votre classe des différents éléments qu'une autre culture mange, alors que la vôtre non, ou des articles que votre culture mange, mais peuvent être considérés comme non comestibles dans une autre culture. Rappelez aux enfants que Dieu aime tout le monde.

Étude 8

Actes 10.24-28, 34-48 ; 11.19-26

Dieu n'a pas de favoris

LE COMMENTAIRE BIBLIQUE

La vision de Pierre des animaux purs et impurs était très mystérieuse. Il avait confiance en Dieu et s'est rendu à la maison de Corneille. Une fois de nouveau, Pierre a eu l'opportunité de prêcher à une grande foule. Ce sermon était différent de celui qu'il a prêché au jour de la Pentecôte. Son contenu ne provenait pas de citations des écritures juives. Au contraire, Pierre a parlé de qui Jésus était et comment il accepte toute personne qui croit en lui (10.34).

C'était quelque chose de nouveau, parce que les Juifs croyaient avec ferveur qu'ils n'étaient pas comme les autres. Ils croyaient que Dieu les favorisait au-dessus de toutes autres personnes dans le monde. Pierre, un juif pieux et en même temps un chrétien dévoué, a prêché un nouveau message : Dieu ne fait acception de personnes. L'Esprit de Dieu a interrompu Pierre. Ces païens ont reçu le Saint-Esprit à la même mesure que les croyants juifs à la Pentecôte. Ensuite, ils ont été baptisés par Pierre.

A cause de la vision que Dieu lui a envoyée, Pierre a commencé à comprendre que le salut de Dieu à travers Christ est pour tout le monde. Il a écrit à ce sujet dans ses propres épîtres, 1 et 2 Pierre. Dieu lui a révélé ses désirs, et Pierre était assez courageux pour accepter ce qu'il a entendu et l'a dit aux autres.

Dieu avait une mission en pleine expension à accomplir. Elle a commencé à Jérusalem, mais Dieu voulait répandre la bonne nouvelle au sujet de Jésus jusqu'aux extrémités de la terre. Dieu a aidé Pierre à saisir cette mission à travers la puissance du Saint-Esprit. Les païens, qui à un certain moment, étaient des étrangers, sont invités à partager les bénédictions d'Israël.

La mission aux païens a continué quand Barnabas a visité l'église à Antioche. Il a invité Saul de le joindre pour enseigner ces nouveaux croyants sur ce que cela voulait dire de suivre Jésus. Ils sont restés à Antioche une année, et les croyants ont été les premiers à être appelés chrétiens.

LES PAROLES DE NOTRE FOI

Un chrétien est une personne qui renonce à son péché, accepte Jésus-Christ comme Sauveur et Seigneur, et l'obéit. Cette expérience est également appelée « être né de nouveau. »

L'ACTIVITÉ

Vous aurez besoin de ces articles pour cette activité:

- 10 à 12 morceaux de papier de deux couleurs (Si vous n'avez pas de papier couleur, mettez un astérisque sur le dos d'un certain nombre de papiers.

- Des stylos ou des crayons à papier

Avant la classe, divisez les paroles d'Actes 10.34-35 en petites phrases. Écrivez une phrase sur chaque morceau de papier. Faites deux lots de papier: un sur chaque papier de couleur. Cachez les papiers au hazard dans la salle.

En classe, divisez les enfants en deux équipes. Dites : **Le verset à retenir pour aujourd'hui est Actes 10.34-35.** Lisez le verset, puis dites aux equipes que les paroles de ce verset sont sur les papiers cachés au hazard dans la salle. Demandez aux équipes de chercher dans la salle, mais de récupérer seulement le papier de la couleur de leur équipe. Puis, quand ils trouvent tous les morceaux, ils vont arranger les phrases dans le bon ordre. Dites à chaque équipe de dire les paroles du verset trois fois.

Dites : **Ces versets nous enseignent une leçon importante que Pierre avait besoin d'apprendre. Ils ont changé l'idée de Pierre sur celui qui peut devenir un disciple de Jésus. Jusqu'à ce moment, les disciples ont prêché seulement aux Juifs. Maintenant, les disciples ont amené l'Évangile aux païens.**

LA LEÇON BIBLIQUE

Préparez une histoire de la Bible basée sur les versets bibliques de la leçon. Une version simple à lire du passage biblique est inclut à la fin de ce livre aux pages 131-159. Les enfants comprennent mieux la leçon si vous la leur raconter au lieu de la lire.

Après l'histoire, encouragez les enfants à répondre aux questions suivantes. Il n'y a pas de bonnes ou de mauvaises réponses. Ces questions vont aider les enfants à comprendre l'histoire et à l'appliquer à leurs vies.

1. **Pourquoi était-il si inhabituel pour Pierre, un Juif, de visiter la maison de Corneille ? Dieu t'a-il déjà demandé de faire quelque chose d'inhabituel ?**

2. **Quels étaient les points principaux du message de Pierre à la famille de Corneille et ses amis?**

3. **Comparez ce qui est arrivé aux païens dans cette histoire (10.44-46) et ce qui s'est passé avec les Juifs au jour de la Pentecôte (2.1-4). Pourquoi les croyants juifs venus avec Pierre étaient-ils étonnés quand le Saint-Esprit a été répandu sur les païens?**

4. **Quel type d'homme était Barnabas? Connaissez-vous quelqu'un aujourd'hui qui est comme Barnabas?**

   Dites: **Barnabas et Saul continuaient de se réunir et enseigner les assemblées de l'Église. C'était là que les croyants étaient appelés Chrétiens pour la première fois. Les gens on reconnu ce groupe comme étant différent des autres parce qu'ils suivaient Christ. Prenez le temps de penser à votre identité. Les gens devraient être en mesure de nous reconnaître comme disciples du Christ de la même manière qu'ils ont identifié ces premiers croyants.**

LE VERSET À RETENIR

Pratiquez le verset à retenir de l'étude. Vous trouverez des suggestions pour les activités des versets à retenir aux pages 127-128.

LES ACTIVITÉS SUPPLÉMENTAIRES

Choisissez parmi ces options pour améliorer l'étude biblique des enfants.

1. Procédez à une séance d'interview avec Pierre. Contactez un adulte pour représenter Pierre et répondre aux questions sur les activités de celui-ci dans cette étude biblique. Laissez les enfants agir en tant que journalistes posant des questions à Pierre au sujet de ses activités et pensées. Si possible, fournissez une liste de questions pour l'adulte avant la classe. Donnez les questions aux enfants pendant la classe. S'il y a assez de temps, laissez les enfants demander leurs propres questions.

   Dites: **Pierre a appris une leçon importante au sujet de Dieu. Quelle était-t-elle?** (Que le salut de Dieu est disponible pour tout le monde).

2. Demandez aux invités de faire savoir comment ils sont devenus chrétiens. Si possible, faites participer ceux qui n'ont pas grandis dans un foyer chrétien. Si votre communauté comprend des gens de différentes nations ou cultures, invitez-les aussi à témoigner. Soulignez le fait que Dieu reçoit tout le monde dans son royaume.

QUESTIONS À CHOIX MULTIPLES POUR LE NIVEAU DE BASE

Pour préparer les enfants à ce concours, lisez Actes 10.24-28, 34-48 ; 11.19-26.

1 Qu'a fait Corneille quand Pierre est entré dans la maison ? (10.25)

1. Il a offert quelque chose à manger à Pierre.

2. **Il est tombé aux pieds de Pierre et s'est proterné.**

3. Il a donné un câlin à Pierre.

2 Qu'est-ce que Dieu a montré à Pierre ? (10.28)

1. **De ne regarder aucun homme comme souillé et impur**

2. Les directions pour se rendre à la maison de Corneille

3. Tout ce qu'il avait besoin de savoir

3 Qui ne fait acception de personnes mais accepte toute personne de n'importe quelle nation qui le craint et fait ce qui est agréable ? (10.34)

1. Jean

2. Paul

3. **Dieu**

4 Avec quoi Dieu a-t-il oint Jésus ? (10.38)

1. D'huile et d'eau

2. **Du Saint-Esprit et de force**

3. Les réponses ci-dessus sont correctes

5 Qu'est-il arrivé à Corneille, sa famille, et ses amis quand Pierre leur a parlé ? (10.44)

1. Jésus est apparu.

2. **Le Saint-Esprit est descendu sur eux tous.**

3. Les réponses ci-dessus sont correctes.

6 Qu'a entendu Pierre quand le don du Saint-Esprit a été répandu sur les païens à la maison de Corneille ? (10.46)

1. Le bruit du tonnerre

2. La voix de Dieu

3. **Les païens qui parlaient en langues et glorifiaient Dieu**

7 En quel nom Pierre a-t-il ordonné aux païens d'être baptisés ? (10.48)

1. **Au nom de Jésus-Christ**

2. Au nom du souverain sacrificateur

3. Au nom de Corneille

8 À quoi Barnabas a-t-il exhorté les gens d'Antioche de faire ? (11.23)

1. De se tourner de leur méchanceté

2. **À rester d'un cœur ferme attachés au Seigneur**

3. De prêcher seulement aux Juifs

9 Pourquoi Barnabas s'est-il rendu à Tarse ? (11.25)

1. Pour partager avec les autres la bonne nouvelle de Jésus-Christ

2. Pour prendre des vacances

3. **Pour chercher Saul**

10 Comment les disciples ont-ils été appelés à Antioche ? (11.26)

1. Disciples

2. **Chrétiens**

3. Les gens de Jésus

QUESTIONS À CHOIX MULTIPLES POUR LE NIVEAU AVANCÉ

Pour préparer les enfants à ce concours, lisez Actes 10.24-28, 34-48 ; 11.19-26.

1 Que s'est-il passé quand Pierre est entré dans la maison de Corneille ? (10.25-26)

1. Corneille est allé au devant de Pierre.
2. Corneille est tombé aux pieds de Pierre et s'est prosterné.
3. Pierre lui a dit : « Lève-toi ; moi aussi, je suis un homme. »
4. **Toutes les réponses ci-dessus sont correctes.**

2 Qu'a dit Pierre à Corneille au sujet de Jésus et Dieu ? (10.40, 43)

1. Dieu a ressuscité Jésus et a permis qu'il apparût.
2. Tous les prophètes ont témoigné au sujet de Jésus.
3. Quiconque qui croit en lui reçoit par son nom le pardon des péchés.
4. **Toutes les réponses ci-dessus sont correctes.**

3 Qui a vu Jésus après qu'il soit ressuscité ? (10.41)

1. Tout le monde
2. **Des témoins choisis d'avance par Dieu**
3. Tous les Juifs
4. La famille de Jésus seulement

4 Quel commandemant Jésus a-t-il ordonné à ceux qui ont mangé et bu avec lui après qu'il soit ressuscité des morts ? (10.41-42)

1. **De prêcher et d'attester de lui**
2. De guérir et de chasser les démons
3. De déchirer leurs vêtements et d'être en deuil
4. De célébrer et de danser

5 Qui va recevoir le pardon des péchés par le nom de Jésus ? (10.43)

1. Les Juifs seulement
2. Tous les païens
3. **Celui qui croit en lui**
4. Seulement ceux qui ont mangé et bu avec lui après qu'il soit ressuscité des morts

6 Que s'est-il passé pendant que Pierre parlé avec Corneille ? (10.44)

1. Les Juifs se sont mis en colère et sont partis.
2. Le ciel s'est ouvert et une colombe s'est posée sur l'épaule de Pierre.
3. Une grande tempête est venue et tout le monde a été mouillé.
4. **Le Saint-Esprit est descendu sur tous ceux qui écoutaient la parole.**

7 Pourquoi les croyants venus avec Pierre étaient-ils étonnés ? (10.45-46)

1. **Parce que le don du Saint-Esprit était aussi répandu sur les païens.**
2. Parce que les païens ne pouvaient pas parler
3. Parce que les païens étaient guéris de leurs maladies
4. Toutes les réponses ci-dessus sont correctes.

8 Comment le livre des Actes décrit-il Barnabas ? (11.24)

1. Un veil homme avec une grande famille.
2. **Un homme de bien, plein d'Esprit-Saint et de foi.**
3. Un homme égoïste et jaloux.
4. Toutes les réponses ci-dessus sont correctes.

9 Qu'a fait Barnabas quand il a trouvé Saul à Tarse ? (11.25-26)

1. Il lui a dit tout ce qu'il a vu et entendu.
2. Il l'a supplié de rester avec lui à Tarse.
3. **Il l'a amené à Antioche et ils enseignaient beaucoup de personnes.**
4. Il l'a renvoyé à Jérusalem pour prêcher aux païens.

10 En quel lieu les disciples ont-ils été appelés Chrétiens pour la première fois ? (11.26)

1. À Samarie   2. À Tarse
3. À Jérusalem   **4. À Antioche**

Actes 12.1-19 ; 13.1-12

Pierre est libéré de prison

LE COMMENTAIRE BIBLIQUE

Jacques 5.16b dit que « la prière fervente du juste a une grande efficace. » À travers le livre des Actes, nous voyons comment cela est vrai. Il est particulièrement évident dans les deux histoires d'aujourd'hui que nous voyons les résultats des prières des croyants.

Premièrement, Dieu a entendu les prières des croyants, et miraculeusement, a libéré Pierre de prison. La délivrance de Pierre est venue juste à temps puisqu'il était condamné à mort le lendemain matin. Par la foi, l'Église a cru et a mis sa confiance en la puissance de Dieu. Cependant, si Pierre avait été tué (comme Étienne l'a été), les prières n'auraient pas été inefficaces ou peu importantes. Dieu est honoré quand les gens démontrent leur foi dans les circonstances difficiles. Voir Hébreux 11 pour plusieurs exemples de ce type.

La deuxième histoire est trouvée dans le chapitre 13. L'Église à Antioche s'est réunie pour adorer et jeûner. Pendant cette période, les croyants ont discerné l'appel du Saint-Esprit sur Barnabas et Saul pour prêcher l'évangile aux autres nations. Après que l'Église ait reçue sa direction, ils ont prié pour Saul et Barnabas, puis les ont envoyés pour commencer leur nouvelle mission. L'expression « imposition des mains »(13.3) montre qu'ils étaient pris en charge par l'Église pour être ses représentants.

En tant que croyants appelés par Dieu, nous avons besoin des prières et supports des autres chrétiens pour être efficaces. Pierre, Saul, et Barnabas ont eu ce support. Quand nous prions, nous démontrons la confiance dans la puissance de Dieu, même quand nous l'exprimons dans une manière que nous ne comprenons pas.

LES PAROLES DE NOTRE FOI

La Pâque est une fête annuelle juive qui célèbre la délivrance des Israélites de l'esclavage en Égypte. Voir Nombres 9.4-5 pour des informations supplémentaires.

Exécuter veut dire mettre à mort, en particulier en tant que sanction juridique

Jeûner c'est s'abstenir de quelque chose, habituellement de la nourriture, ou de certains types d'aliments, en tant que discipline spirituelle. Les chrétiens utilisent ces périodes de jeûne pour prier et se concentrer sur Dieu.

La prière est une conversation avec Dieu qui comprend à la fois parler et écouter. Nous pouvons prier à n'importe quel moment, n'importe où, et au sujet de n'importe quoi.

L'ACTIVITÉ

Vous aurez besoin de ces articles pour cette activité:

- Des rubans de papier (8 par enfant; approximativement 21/28 cm)

- Un ruban adhésif ou une agrafeuse

Avant la classe, faites un échantillon d'une chaîne de papier. Créez le premier maillon en faisant un cercle suivi d'une fixation avec le ruban adhésif ou une agrafe. Insérez un autre papier dans le cercle et faites de même. Continuez jusqu'à ce que vous ayez une chaîne avec huit maillons. Les maillons doivent être assez larges en diamètre pour que la plupart des enfants puissent insérer leurs mains dans le premier et dernier maillon.

En classe, montrez aux enfants votre chaîne. Aidez les enfants à faire leurs propres chaînes. Laissez-les porter leurs chaînes sur leurs poignets pendant que vous étudiez le passage biblique d'aujourd'hui.

Dans l'histoire, les chaînes de Pierre tombèrent. Dites aux enfants de faire laisser tomber leurs chaînes.

Dites : **Dans l'étude d'aujourd'hui, Pierre est en prison. Il porte des chaînes. Les gardes sont là pour l'empêcher de s'évader. Dieu seulement peut sauver la vie de Pierre.**

LA LEÇON BIBLIQUE

Préparez une histoire de la Bible basée sur les versets bibliques de la leçon. Une version simple à lire du passage biblique est inclut à la fin de ce livre aux pages 131-159. Les enfants comprennent mieux la leçon si vous la leur raconter au lieu de la lire.

Après l'histoire, encouragez les enfants à répondre aux questions suivantes. Il n'y a pas de bonnes ou de mauvaises réponses. Ces questions vont aider les enfants à comprendre l'histoire et à l'appliquer à leurs vies.

1. **Comment pensez-vous que Pierre s'est ressenti quand l'ange l'a réveillé ?**

2. **Comment pensez-vous que vous seriez si vous étiez dans une réunion de prière chez Marie quand Pierre est arrivé ?**

3. **Pourquoi l'Église à Antioche a-t-elle envoyée Barnabas et Saul pour faire une oeuvre spéciale ? Dieu envoie t-il toujours des gens aujourd'hui ?**

4. **Dieu fait-il toujours des miracles aujourd'hui ? Expliquez votre réponse.**

Dites : **Dieu veut communier avec nous. Il nous attend afin de nous rencontrer et parler avec lui. Nous pouvons être sûrs qu'il va aussi nous entendre quand nous prions et qu'il va répondre à nos prières.** Prenez le temps de prier ensemble à haute voix. Donnez à chaque enfant l'opportunité de prier s'il/elle le désire. Priez pour chaque enfant et appelez-les par leur nom.

LE VERSET À RETENIR

Pratiquez le verset à retenir de l'étude. Vous trouverez des suggestions pour les activités des versets à retenir aux pages 127-128.

LES ACTIVITÉS SUPPLÉMENTAIRES

Choisissez parmi ces options pour améliorer l'étude biblique des enfants.

1. Expliquez aux élèves ce que signifie, jeûner. Utilisez un dictionnaire biblique pour vous aider à comprendre. Partagez avec les enfants ce que vous avez découvert. Puis dites : **Dans l'étude d'aujourd'hui, les croyants ont jeûné et prié. Entretemps le Saint-Esprit leur a dit de mettre à part Saul et Barnabas pour une œuvre spéciale. Quand nous jeûnons, devons-nous toujours nous abstenir de la nourriture ? Quels sont les autres sacrifices que nous pouvons faire afin de laisser Dieu savoir que nous voulons l'entendre ?** Laissez les enfants énumérer cette liste sur un tableau ou un grand morceau de papier (le temps, l'argent, la télé, les jeux, les activités favorites).

Dites : **Quand nous jeûnons et prions, nous mettons de côté quelque chose que nous faisons normalement et nous nous concentrons sur Dieu durant ce moment.**

2. Invitez une ou deux personnes pour partager avec les enfants les manières où Dieu répond aux prières dans leurs vies. Aidez les élèves à comprendre que Dieu entend chaque prière. Les enfants ne devraient pas être découragés si Dieu ne répond pas immédiatement à une de leurs prières. Dieu peut nous répondre par « oui », « non » ou « attend ». Cependant, quelquefois, Dieu peut répondre d'une façon inattendue ! Soyez prêts à écouter les réponses de Dieu et à les accepter quand elles viennent.

QUESTIONS À CHOIX MULTIPLES POUR LE NIVEAU DE BASE

Pour préparer les enfants à ce concours, lisez Actes 12.1-19 ; 13.1-12.

1 Qui le roi Hérode a-t-il mis à mort par l'épée ? (12.2)
1. **Jacques, le frère de Jean**
2. Barnabas
3. Pierre

2 Comment l'Église a-t-elle prié pour Pierre quand il était en prison ? (12.5)
1. Doucement
2. **Incessamment**
3. Une fois par semaine

3 Qui a soudainement apparu dans la cellule de prison avec Pierre ? (12.7)
1. **Un ange du Seigneur**
2. Le roi Hérode
3. Des autres Chrétiens

4 Qu'a pensé Pierre qui allait se passer quand il a suivi l'ange hors de la prison ? (12.9)
1. Il croyait avoir été kidnappé.
2. Il a pensé que son ami a prétendu être un ange.
3. **Il a pensé qu'il avait imaginé une vision.**

5 Que faisaient beaucoup de personnes à la maison de Marie, la mère de Jean ? (12.12)
1. Ils s'inquiétaient pour Pierre.
2. **Ils priaient.**
3. Ils adoraient Dieu.

6 Qui s'est approchée pour écouter quand Pierre a frappé à la porte du vestibule ? (12.13)
1. Marie, la mère de Jean
2. Un des disciples
3. **Une servante nommée Rhode**

7 Comment les gens se sont-ils ressentis quand ils ont ouvert la porte et vu Pierre ? (12.16)
1. Ils ont eu peur.
2. **Ils étaient étonnés.**
3. Les réponses ci-dessus sont correctes.

8 Qui le Saint-Esprit a-t-il dit de mettre à part pour lui ? (13.2)
1. Barnabas
2. Saul
3. **Les réponses ci-dessus sont correctes.**

9 Qui était Bar-Jésus ? (13.6-7)
1. **Un magicien et faux prophète juif**
2. Un attaché de Sergius Paulus
3. **Les réponses ci-dessus sont correctes**

10 Que s'est-il passé avec Élymas le magicien quand il s'est opposé à Barnabas et Saul ? (13.6-11)
1. **Il est devenu aveugle**
2. Un ange l'a soudainement frappé à mort
3. Il a été arrêté

QUESTIONS À CHOIX MULTIPLES POUR LE NIVEAU AVANCÉ

Pour préparer les enfants à ce concours, lisez Actes 12.1-19 ; 13.1-12.

1 Qu'a fait le roi Hérode quand il a vu que la mort de Jacques était agréable aux Juifs ? (12.2-3)

1. Il a aussi tué le frère de Jacques.
2. Il a mis plusieurs autres à mort.
3. **Il a fait encore arrêter Pierre.**
4. Hérode a cru et était baptisé.

2 De quelle manière Pierre était-il mis sous la garde en prison ? (12.4)

1. **Par quatre escouades de quatre soldats chacune**
2. Par deux soldats hors du portail
3. Par un escadron complet de soldats
4. Par le roi Hérode lui-même

3 Que s'est-il passé quand Pierre, lié de deux chaînes, dormait entre deux soldats ? (12.6-7)

1. Un ange du Seigneur est apparu soudainement.
2. Une lumière a brillé dans la prison.
3. Les chaînes sont tombées de ses mains.
4. **Toutes les réponses ci-dessus sont correctes.**

4 Que s-est-il passé, en premier lieu, quand l'ange et Pierre sont arrivés à la porte de fer menant à la ville ? (12.10)

1. **Elle s'est ouverte d'elle-même.**
2. L'ange a quitté Pierre.
3. Les gardes ont repris Pierre.
4. Pierre a realisé qu'il ne rêvait pas.

5 Qui les gens ont-ils pensé se trouvait à la porte de la maison de Marie ? (12.15)

1. Pierre
2. Un ange su Seigneur
3. Un garde qui ressemblait à Pierre
4. **L'ange de Pierre**

6 Qu'a fait Pierre quand les gens ont ouvert la porte et vu que c'était lui ? (12.16-17)

1. Il leur a fait signe de se taire avec sa main.
2. Il leur a raconté comment le Seigneur l'avait libéré de prison.
3. Il leur a dit d'annoncer sa délivrance à Jacques et aux autres frères.
4. **Toutes ces réponses sont correctes.**

7 Que s'est-il passé alors que les prophètes et docteurs, à Antioche, adoraient le Seigneur et jeûnaient ? (13.1-2)

1. Ils ont entendu les nouvelles de Pierre
2. **Le Saint-Esprit a dit : « Mettez-moi à part Barnabas et Saul. »**
3. Ils étaient remplis de douleur pour la mort de Jacques.
4. Toutes les réponses ci-dessus sont correctes.

8 Qui est descendu à Séleucie et s'est embarqué pour Chypre ? (13.4)

1. **Barnabas et Saul**
2. Pierre et Jean
3. Les apôtres
4. Tous les prophètes et docteurs

9 Qu-ont fait Barnabas et Saul quand ils sont arrivés à Salamine ? (13.5)

1. Ils ont prêché aux païens.
2. Ils ont baptisé à la fois les Juifs et les païens de la même manière.
3. **Ils ont annoncé la parole de Dieu dans les synagogues juives.**
4. Ils ont guéri les gens et chassé les démons.

10 Dans quelle histoire le nom de Saul a-t-il été changé en Paul ? (13.9)

1. L'histoire de la lapidation d'Étienne
2. L'histoire de la conversion de Saul
3. L'histoire de la Pentecôte
4. **L'histoire au sujet de Sergius Paulus et Bar-Jésus**

LE VERSET À RETENIR

En toute humilité et douceur, avec patience, vous supportant les uns les autres avec charité, vous efforçant de conserver l'unité de l'esprit par le lien de la paix. (Éphésiens 4.2-3)

LA VÉRITÉ BIBLIQUE

Dieu veut que son peuple se respecte mutuellement, même quand ils sont en désaccord.

LE CONSEIL PÉDAGOGIQUE

• Paul était un missionnaire et un écrivain de l'Église primitive. Il a écrit 13 épîtres qui représentent un quart du Nouveau Testament. Certaines d'entre elles ont été rédigées à partir d'une prison romaine.

• Si les enfants posent des questions sur la circoncision, dites : La circonsicion a une siginfication religieuse spéciale dans la Bible. Dans l'Ancien Testament, c'était un signe de l'alliance entre Dieu et Abraham. C'est pourquoi certains des Juifs du Nouveau Testament ont pensé que tous les hommes devraient être circoncis afin d'être sauvés.

Paul a essayé d'aider les gens à comprendre que c'était permis, mais pas nécesaire.

Actes 14.26-28 ; 15.1-12, 22-41

Le Concile de Jérusalem

LE COMMENTAIRE BIBLIQUE

Certaines des lois juives mentionées dans les Actes sont difficiles à comprendre pour nous, alors que notre culture est différente. Les nouveaux croyants à Antioche n'avaient pas une origine juive. Il y avait une certaine confusion sur certaines des parties de la loi juive que les croyants devaient respecter, indépendemment de leurs origines. La lettre que l'église de Jérusalem a envoyée répond à ces questions, mais en même temps soulèvent d'autres questions pour nous aujourd'hui.

• *Pourquoi ces quatre lois étaient-elles importantes ?*

Ces lois ont refuté des pratiques païennes communes associées avec le polythéisme à Antioche (adoration de plusieurs dieux). Les nouveaux croyants étaient encouragés à croire uniquement en Jésus. En évitant ces pratiques, les nouveaux croyants ont rendu témoignage du changement intérieur que Christ a fait en eux. Ces lois ont aussi aidées à garder la paix entre les croyants juifs et païens.

• *Étaient-ils tenus d'obéir à d'autres lois (les dix commandements, le sermon sur la montagne, etc…) ?*

Oui. Les païens avaient toujours pour conditions requises de vivre selon les principes moraux donnés dans la Loi et les dix commandements. À l'origine, Dieu a écrit la Loi sur des tablettes de pierre. Les prophètes ont déclaré que Dieu a aussi écrit la Loi sur les cœurs à la fois des Juifs et des païens (Jérémie 31.33). Jésus a apporté une nouvelle lumière à la Loi quand il a créé une nouvelle alliance basée sur la transformation intérieure. Cela veut dire que Dieu change nos intentions en premier, et puis nos actions, pendant que nous choisissons de lui obéir honnêtement. Malgré le fait que nous ne sommes pas attachés par les mêmes lois de l'Ancien Testament, nous cœurs devraient être transformés par les principes moraux qui sont derrière ces lois.

Dans le Sermon sur la montagne, Jésus a enseigné ses disciples à obéir à Dieu de tout cœur, pas simplement de garder les lois. Les païens qui sont devenus croyants à Antioche avaient pour condition de suivre ces principes. Ces exigences les ont aidées à intérioriser la Loi. Elles les ont assistées à comprendre ce que cela voulait dire de suivre les commandements de Jésus, non parce qu'elles étaient des obligations, mais parce que nous aimons Dieu.

Cette leçon nous montre aussi un désaccord entre Paul et Barnabas. Les chrétiens peuvent, quelquefois, être en désaccord. Malgré cela, ils doivent rechercher des solutions paisibles. Les chrétiens ne doivent jamais laisser leurs désaccords s'interféraient avec la propagation de l'Évangile.

LES PAROLES DE NOTRE FOI

Un païen est quelqu'un qui ne croit pas en Dieu. Certains païens adorent plusieurs dieux. D'autres n'adorent aucun dieu.

Le sermon sur la montagne est le passage de l'Écriture dans Matthieu 5-7. C'est le plus long enseignement de Jésus enregistré dans la Bible. Dans ce sermon, Jésus décrit comment les Chrétiens devraient vivre en relation avec Dieu et les autres.

L'ACTIVITÉ

Vous aurez besoin de ces articles suivants pour cette activité:

• Du papier pour chaque élève

• Un crayon à papier pour chaque élève

Avant la classe, préparez une liste de cinq catégories d'articles que les enfants aiment (par exemple : de la nourriture, un jeu, un livre, un animal, et un lieu).

En classe, distribuez le papier et les crayons. Demandez aux enfants d'écrire leur article favori dans chaque catégorie. Puis, sélectionnez deux volontaires. Demandez à chaque volontaire de dire quel est son article favori dans la première catégorie, et aussi de partager pourquoi cet article est son favori.

Dites : **Chacun de vous pense que votre article est le meilleur. Est-ce que l'un peut convaincre l'autre qu'il a tort ou raison ? Si non, pouvez-vous être d'accord en étant en désaccord sur celui-ci.**

Laissez les volontaires retourner à leurs places, et demandez aux enfants deux autres volontaires. Continuez jusqu'à ce que chaque enfant lise leurs réponses. Encouragez les volontaires à dire « Nous sommes d'accord d'être en désaccord et nous restons amis. »

Dites : **Dans l'étude d'aujourd'hui, nous apprenons que Paul et Barnabas sont en désaccord. Nous allons voir comment ils ont résolu leur désaccord.**

LA LEÇON BIBLIQUE

Préparez une histoire de la Bible basée sur les versets bibliques de la leçon. Une version simple à lire du passage biblique est inclut à la fin de ce livre aux pages 131-159. Les enfants comprennent mieux la leçon si vous la leur raconter au lieu de la lire.

Après l'histoire, encouragez les enfants à répondre aux questions suivantes. Il n'y a pas de bonnes ou de mauvaises réponses. Ces questions vont aider les enfants à comprendre l'histoire et à l'appliquer à leurs vies.

1. **Quand Barnabas et Paul sont arrivés à Antioche, ils ont raconté ce que Dieu a fait à travers eux. Aujourd'hui, nous appelons cela, rendre compte de ses actes. Est-ce que vous rendez compte de vos actes à quelqu'un ?**

2. **Certains des croyants étaient en désaccord avec ce que les nouveaux croyants faisaient. Quand les Chrétiens aujourd'hui sont en désaccord, que devraient-ils faire ?**

3. **Comment Dieu a-t-il montré qu'il a accepté les païens qui sont devenus croyants ?**

4. **N'avez-vous jamais eu besoin d'encouragements ? Qui vous encourage ? Qui encouragez-vous ?**

Dites : **Dieu nous donne un esprit avec lequel nous pensons. Quelquefois, les gens pensent de différentes manières au sujet d'une certaine chose. Ce qui fait de nous des gens uniques. Dieu va nous donner la grâce d'être en désaccord d'une façon respectueuse. En toutes circonstances, nous devons nous rappeler de rechercher la volonté de Dieu plutôt que notre propre volonté.**

LE VERSET À RETENIR

Pratiquez le verset à retenir de l'étude. Vous trouverez des suggestions pour les activités des versets à retenir aux pages 127-128.

LES ACTIVITÉS SUPPLÉMENTAIRES

Choisissez parmi ces options pour améliorer l'étude biblique des enfants.

1. Dites : **Dans l'étude biblique d'aujourd'hui, le Concile de Jérusalem a envoyé une lettre d'encouragements aux païens qui sont devenus chrétiens. Aujourd'hui, les Chrétiens ont encore besoin d'encouragemnts pendant qu'ils vivent chaque jour.** Partagez au sujet de certaines personnes dans votre église qui peuvent avoir besoin d'encouragements. Fournissez du papier et des matériaux d'art aux enfants. Demandez-leur d'écrire un message d'encouragement, d'écrire et d'illustrer un verset biblique, ou bien de dessiner une image pour égayer leur journée.

2. Assistez la classe à faire une liste de moments quand les enfants étaient en désaccord. Lesquelles de ces actions peuvent causer des problèmes pour l'enfant ? Est-ce que ces actions plaisent à Dieu ? Lisez Éphésiens 4.2-3. De quelles manières Dieu veut-il que les enfants résoudent les désaccords ?

Prenez un moment de prière pour les enfants afin de parler à Dieu au sujet des situations qu'ils rencontrent. Encouragez-les à demander à Dieu de les aider à résoudre leurs désaccords d'une manière chrétienne.

QUESTIONS À CHOIX MULTIPLES POUR LE NIVEAU DE BASE

Pour préparer les enfants à ce concours, lisez Actes 14.26-28 ; 15.1-12, 22-41.

1 **Combien de temps Paul et Barnabas ont-ils demeurés avec les disciples à Antioche ? (14.28)**

1. Un mois
2. Quelques années
3. **Assez longtemps**

2 **Qui l'église a-t-elle envoyé à Jérusalem pour voir les apôtres et les anciens ? (15.2-3)**

1. **Paul et Barnabas**
2. Les hommes de la Judée
3. Les Païens

3 **Comment les frères se sont-ils ressentis quand ils ont entendu la nouvelle sur la manière dont les païens ont été convertis ? (15.3)**

1. Ils étaient extrêmement bouleversés.
2. **Ils ont reçu une grande joie.**
3. Ils avaient peur.

4 **Qu'ont dit certains croyants aussi pharisiens que les païens devaient faire ? (15.5)**

1. Soyez circoncis
2. Gardez la loi de Moïse
3. **Les réponses ci-dessus sont correctes**

5 **De quelle manière Dieu a-t-il montré qu'il a accepté les païens ? (15.8)**

1. En mettant une marque sur leurs têtes
2. En maudissant l'élevage des Juifs
3. **En leur donnant le Saint-Esprit**

6 **À travers quoi sommes-nous sauvés a dit Pierre ? (15.11)**

1. À travers la loi de Moïse et les prophètes
2. **À travers la grâce du Seigneur Jésus**
3. Les réponses ci-dessus sont correctes

7 **Qui a gardé le silence alors qu'elle écoutait Barnabas et Paul raconter les miracles et prodiges que Dieu avait faits parmi les païens ? (15.12)**

1. Personne
2. **Toute l'assemblée**
3. Les apôtres seulement

8 **Les apôtres et les anciens, avec toute l'assemblée, ont décidé de choisir leurs propres hommes et les envoyer avec Paul et Barnabas à Antioche. Qui ont-ils choisi ? (15.22)**

1. **Jude et Silas**
2. Pierre et Jean
3. Marie et Marthe

9 **Qu'ont dit Jude et Silas à Antioche ? (15.32)**

1. Ils ont dit très peu.
2. **Ils ont exhorté et fortifié les frères.**
3. Ils ont dit exactement ce que la lettre a dit.

10 **Qu'ont fait Paul et Silas en Syrie et Cilicie ? (15.40-41)**

1. **Ils ont fortifié les Églises.**
2. Ils ont construit de nouvelles églises
3. Les réponses ci-dessus sont correctes.

QUESTIONS À CHOIX MULTIPLES POUR LE NIVEAU AVANCÉ

Pour préparer les enfants à ce concours, lisez Actes 14.26-28 ; 15.1-12, 22-41.

1 À qui Dieu a-t-il ouvert la porte de la foi ? (14.26-27)

1. Aux Juifs
2. À Paul et Barnabas
3. **Aux nations**
4. Aux apôtres

2 Quelques hommes ont enseigné qu'il fallait se faire circoncire pour être sauvé. Pourquoi ont-ils cru cela ? (15.1)

1. **Parce qu'ils ont enseigné selon le rite de Moïse**
2. Parce qu'ils ont enseigné selon le rite païen
3. Parce qu'ils ont enseigné selon le rite de Jésus
4. Parce qu'ils ont enseigné selon le rite d'Antioche

3 De quelle loi les Pharisiens ont dit que les païens devaient être tenus d'obéir ? (15.5)

1. La Loi des païens
2. La Loi de Pierre
3. **La Loi de Moïse**
4. La Loi du pays

4 De quelle manière Dieu a-t-il montré qu'il a accepté les païens ? (15.8)

1. En les libérant de prison
2. Par la puissance qu'il a donnée à Pierre
3. **En leur donnant le Saint-Esprit, comme il a donné aux Juifs**
4. En leur envoyant une vision

5 De quelle manière la lettre aux païens devenus croyants à Antioche, Syrie et Cilicie, décrit-elle Barnabas et Paul ? (15.26)

1. Des hommes qui étaient fatigués ayant besoin de repos.
2. Des hommes qui feraient tout pour leurs camarades juifs.
3. Des hommes qui avaient besoin d'apprendre la loi de Moïse.
4. **Des hommes qui ont exposé leurs vies pour le nom de notre Seigneur Jésus-Christ.**

6 Pourquoi les apôtres et les anciens ont-ils envoyés Jude et Silas à Antioche ? (15.27)

1. Pour voir ce qui se passer avec les païens
2. Pour leur demander de l'argent
3. **Pour annoncer de leur bouche ce qu'ils avaient écrit**
4. Pour persécuter les païens

7 De quoi selon la lettre, les païens devaient-ils s'abstenir ? (15.29)

1. Des viandes sacrifiées aux idoles, du sang
2. Des animaux étouffés
3. De l'impudicité
4. **Toutes les réponses ci-dessus sont correctes.**

8 Pourquoi Paul a-t-il pensé qu'il n'était pas convenable de prendre Jean, nommé Marc, avec eux ? (15.37-38)

1. Parce qu'il était un païen
2. Parce qu'il était malade et inapte au voyage
3. Parce qu'il avait une famille qui avait besoin de lui
4. **Parce qu'il les avait quitté depuis la Pamphylie**

9 Que s'est-il passé à cause du désaccord vif entre Paul et Barnabas ? (15.39)

1. Ils se sont excusés et se sont pardonnés.
2. **Ils se sont séparés.**
3. Ils se sont arrêtés de prêcher et d'enseigner.
4. Ils ont pris des vacances.

10 Qu'a fait Paul quand il a voyagé à travers la Syrie et la Cilicie ? (15.41)

1. **Il a fortifié les Églises.**
2. Il a décidé de voyager en premier lieu par voie de terre et puis par la mer.
3. Il a demandé à Barnabas et à Marc de le rejoindre.
4. Toutes les réponses ci-dessus sont correctes.

LE VERSET À RETENIR

Pierre leur dit : Repentez-vous et que chacun de vous soit baptisé au nom de Jésus-Christ, pour le pardon de vos péchés: et vous recevrez le don du Saint-Esprit. (Actes 2.38)

LA VÉRITÉ BIBLIQUE

Dieu nous donne l'opportunité d'accepter son don du salut.

LE CONSEIL PÉDAGOGIQUE

Si un prisonnier de la prison romaine s'échappait, le garde ou les gardes de cette personne allait être exécuté (és) à la place du prisonnier. C'est pourquoi le geôlier à Philippes allait se tuer.

Le témoignage de Paul à Philippes

LE COMMENTAIRE BIBLIQUE

Dans la leçon d'aujourd'hui, nous lisons au sujet de trois personnes qui ont été influencées pour de bon par la nouvelle à Philippes : Lydie, une servante qui devinait le futur, et un geôlier

À Philippes, Paul a rencontré quelques femmes qui étaient réunies près d'une rivière. Lydie, l'une d'entre elles était une femme d'affaires qui prospérait, une marchande de draps de pourpre. Les draps de pourpre étaient couramment vendus à des gens riches ou à ceux associés à la royauté. Socialement, Lydie était un succès, mais ses besoins spirituels étaient satisfaits seulement qu'en Christ. Sa conversion et son hospitalité ont établi sa maison comme la base pour les missions qui ont continué à Philippes.

Il y avait une servante qui avait un esprit de Python, par lequel elle devinait le futur. Paul a ordonné, au nom de Jésus, à l'esprit de sortir d'elle. L'exorcisme ne permetait plus aux maîtres de la servante de faire du profit, ainsi Paul et Silas ont été battus et emprisonnés. C'est l'une des nombreuses fois que Paul a enduré la souffrance à cause de sa foi en Jésus, comme prévu en Actes 9.16.

En prison, Silas et Paul chantaient des louanges et priaient Dieu tandis que les autres prisonniers écoutaient. Ils adoraient, même s'ils souffraient. Comme Paul et Silas, nous pouvons aider les autres à voir que Dieu est à l'œuvre dans nos vies, indépendamment de nos circonstances. Quand nous louons Dieu au cours de l'adversité, cela est un grand témoignage de la puissance du Saint-Esprit.

Un tremblement de terre a pourvu à une opportunité pour s'échapper. Cependant, pour Paul et Silas, cela leur a donné une autre occasion pour partager l'évangile. Non seulement ils ont sauvés la vie du geôlier, ils l'ont mené à la vie éternelle en Jésus.

Paul a suivi fidèlement la direction du Saint-Esprit, malgré qu'il fût guidé dans des directions inattendues. Il a obéi à Dieu en allant à la Macédoine au lieu de la Phrygie et de la Galatie. Alors qu'il cherchait un lieu spécial de prière, il a témoigné à Lydie. Pendant qu'il se préparait pour un jour de ministère, il a libéré une servante possédée. Pour cela il a été emprisonné. En prison, il était capable de témoigner aux autres prisonniers aussi bien qu'au geôlier. À travers tous ces événements inattendus, Paul a exprimé la confiance et la foi dans le Saint-Esprit. Il serait sage de suivre l'exemple de Paul, en proclamant le message de Jésus, peu importe les circonstances, partout où nous sommes.

L'ACTIVITÉ

Vous aurez besoin de ces articles pour cette activité :

- Des articles pour préparer une trajectoire avec des obstacles

- Un foulard ou un autre article comme bandeau

Avant la classe, mettez en place une trajectoire pour une course avec des obstacles—un chemin avec des articles où un enfant peut marcher ou sauter au-dessus de ces articles afin d'atteindre une ligne d'arrivée. Si possible, mettez en place cette trajectoire pour la course dans une autre salle, afin que les enfants qui participent ne puissent pas voir les obstacles avant qu'ils commencent l'activité.

Vous pouvez vous servir de boîtes en carton, de sacs remplis de vieux papiers, ou tout ce que vous avez. (Soyez conscients des problèmes de sécurité alors que vous vous préparez pour la course). Fournissez un foulard ou une serviette comme bandeau.

En classe, sélectionnez un volontaire pour marcher à travers les obstacles pour la course. Amenez le volontaire et les autres enfants à la course.

Dites : **Dans notre étude pour aujourd'hui, Paul voulait aller à Bithynie, mais le Saint-Esprit l'a arrêté. Après une vision de Dieu, il a décidé d'aller plutôt en Macédoine. Aujourd'hui, notre volontaire représente Paul. Il a essayé de décider où Dieu voulait qu'il aille. Vous pouvez aider à orienter notre volontaire à travers cette trajectoire pour la course afin qu'il/elle ne puisse pas trébucher ou tomber.**

Choisissez un autre volontaire pour donner les directives orales à l'enfant qui a les yeux bandés. Si le temps le permet, laissez d'autres volontaires essayer la trajectoire pour la course.

Dites : **Dieu nous donne le Saint-Esprit pour nous aider à savoir quoi faire. Il a dirigé Paul à des endroits où il voulait que Paul aille.**

LA LEÇON BIBLIQUE

Préparez une histoire de la Bible basée sur les versets bibliques de la leçon. Une version simple à lire du passage biblique est inclut à la fin de ce livre aux pages 131-159. Les enfants comprennent mieux la leçon si vous la leur raconter au lieu de la lire.

Après l'histoire, encouragez les enfants à répondre aux questions suivantes. Il n'y a pas de bonnes ou de mauvaises réponses. Ces questions vont aider les enfants à comprendre l'histoire et à l'appliquer à leurs vies.

1. **Partout où Paul a voyagé, il a cherché les gens qui avaient besoin d'entendre parler de l'amour et du pardon de Dieu. Où pouvons-nous aller aujourd'hui pour trouver les gens qui ont besoin d'entendre ce message ?**

2. **Y a-t-il des gens, aujourd'hui, possédés par un esprit comme la servante ? Comment les gens sont-ils esclaves du péché ?**

3. **Nous avons tous des moments difficiles. Comment devrions-nous réagir quand nous passons par des circonstances difficiles, comme Paul et Silas ont fait ?**

4. **L'histoire d'aujourd'hui constitue le fait que la vie n'est pas toujours juste. Comment devrions-nous agir et parler quand la vie n'est pas juste ?**

Dites : **Paul a écouté le Saint-Esprit et a toujours suivi sa direction. Dans une histoire, un ange a sorti Paul de prison. Dans une autre situation, il a été libéré de ses chaînes durant un tremblement de terre, mais il est resté dans sa cellule. Dans chaque cas, il a été un témoin pour ceux autour de lui concernant la résurrection de Jésus-Christ. Nous pouvons suivre Jésus parce qu'il est vivant !**

LE VERSET À RETENIR

Pratiquez le verset à retenir de l'étude. Vous trouverez des suggestions pour les activités des versets à retenir aux pages 127-128.

LES ACTIVITÉS SUPPLÉMENTAIRES

Choisissez parmi ces options pour améliorer l'étude biblique des enfants.

1. Permettez aux enfants de jouer sur scène l'histoire de Paul et Silas en prison. Fournissez du papier et des autres matériaux pour les enfants pour faire des accessoires simples, comme l'épée et les chaînes. Attribuez les personnages de l'histoire biblique à des volontaires. Demandez à un volontaire de lire les versets dans Actes 16.16-40 alors que les autres enfants jouent leurs rôles.

2. Passez en revue avec les enfants ces premières étapes du salut :

- Admettre que vous avez péché. Dites à Dieu que vous êtes désolés pour vos péchés. Avec l'aide de Dieu, cessez de faire les choses qui sont mal.

- Croyez que Dieu vous aime et qu'il a envoyé Jésus pour vous sauver de vos péchés. Demandez-lui de vous pardonner.

- Demandez à Jésus d'être votre Sauveur et meilleur ami. Aimez Dieu, obéissez à ses commandements, et parler de Jésus aux autres. Dites aux autres gens ce que Dieu a fait pour vous.

Invitez les enfants qui veulent accepter le salut de Dieu de le faire aujourd'hui. Priez avec eux et félicitez-les d'avoir pris cette étape importante. Trouvez des chrétiens mûrs qui vont aider à guider les enfants et à les encourager à mesure qu'ils apprennent ce que cela signifie de marcher avec Christ.

QUESTIONS À CHOIX MULTIPLES POUR LE NIVEAU DE BASE

Pour préparer les enfants à ce concours, lisez Actes 16.6-40.

1 En quel lieu le Saint-Esprit a-t-il empêché Paul et ses compagnons d'annoncer la parole ? (16.6)

1. En Grèce
2. **En Asie**
3. À Jérusalem

2 Pourquoi Paul a-t-il déduit que Dieu les a appelés à annoncer l'évangile en Macédoine ? (16.9-10)

1. **Il a eu une vision d'un Macédonien.**
2. Il a reçu une lettre de la Macédoine.
3. Les gens l'ont poussé à aller en Macédoine.

3 Qui Paul et ses compagnons ont-ils trouvé vers une rivière le jour du Sabbat ? (16.13-14)

1. Les Sadducéens
2. **Lydie et quelques autres femmes**
3. Les frères de la Judée

4 De quelle manière la servante gagnait-elle de l'argent ? (16.16)

1. **En devinant le futur**
2. En vendant des tissus et du fil
3. En travaillant comme cuisinière

5 Pourquoi les maîtres de la servante ont-ils emprisonnés Paul et Silas ? (16.19)

1. Ils voulaient faire de l'argent à travers leurs miracles.
2. **Ils ont vu disparaître l'espoir de leurs gain.**
3. Ile étaient jaloux de leurs pouvoirs.

6 Qu'ont fait Paul et Silas en prison vers le milieu de la nuit ? (16.25)

1. Ont prié
2. Ont chanté des louanges
3. **Les réponses ci-dessus sont correctes**

7 Qu'est-ce qui a causé aux portes de la prison de s'ouvrir et les chaînes de tout le monde d'être rompues ? (16.26-27)

1. Le garde de la prison a décidé de libérer tout le monde.
2. **Un grand tremblement de terre**
3. Il y avait une tempête terrible

8 Le geôlier a demandé à Paul et Silas « Seigneurs, que faut-il que je fasse pour être sauvé ? » Qu'ont-ils répondu ? (16.31)

1. « Tu dois nous laisser libres. »
2. « Tu dois donner une dîme à la synagogue. »
3. **« Crois au Seigneur Jésus, et tu seras sauvé, toi et ta famille. »**

9 Qu'ont fait le geôlier et sa famille immédiatement ? (16.33)

1. Ils ont libéré Paul et Silas.
2. **Ils se sont faits baptisés**
3. Ils se sont enfuis

10 Pourquoi le geôlier s'est-il réjoui ? (16.34)

1. Parce qu'il n'a pas été puni pour laisser Paul et Silas s'échapper.
2. Parce qu'il a quitté son travail plus tôt
3. **Parce qu'il avait cru en Dieu**

QUESTIONS À CHOIX MULTIPLES POUR LE NIVEAU AVANCÉ

Pour préparer les enfants à ce concours, lisez Actes 16.6-40.

1 Que s'est-il passé quand Paul et ses compagnons ont essayé d'entrer en Bithynie ? (16.7)

1. Ils sont passés facilement à travers la frontière.
2. Les gardes à la frontière les ont questionnés à fond.
3. **Le Saint-Esprit ne les a pas permis d'entrer.**
4. Ils ont changé d'idées et sont repartis.

2 Qui a dit : « Passe en Macédoine, secours-moi ? » (16.9)

1. **Un Macédonien qui est apparu à Paul dans une vision**
2. Un Macédonien mendiant sur la route de Troas
3. Un Macédonien du gouvernement
4. L'Église en Macédoine

3 Qui était Lydie ? (16.14)

1. Une marchande de draps de pourpre
2. Une femme de la ville de Thyatire
3. Une femme craignant Dieu
4. **Toutes les réponses ci-dessus sont correctes.**

4 À Philippes, une servante avait un esprit par lequel elle devinait le futur. Que s'est-il passé après que Paul fût fatigué, il se retourna, et dit à l'esprit : « Je t'ordonne au nom de Jésus-Christ, de sortir d'elle. » (16.18-20)

1. L'esprit est sorti d'elle.
2. Les maîtres de la servante ont saisi Paul et Silas.
3. Paul et Silas ont été présentés aux préteurs.
4. **Toutes ces réponses ci-dessus sont correctes.**

5 Pourquoi Paul a-t-il crié d'une voix forte : « Ne te fais point de mal, nous sommes tous ici. » (16.27-28)

1. Pour faire savoir à Silas qu'il était encore là.
2. **Pour empêcher le geôlier de se tuer parce qu'il pensait que les prisonniers s'étaient enfuis.**
3. Pour arrêter les autres prisonniers de se battre entre eux.
4. Parce que le préteur était sur le point de battre le geôlier pour les avoir libérés.

6 Qu'a demandé le geôlier à Paul et Silas ? (16.29-30)

1. « Comment cela est-il arrivé ? »
2. « Êtes-vous magiciens ? »
3. **« Que faut-il que je fasse pour être sauvé ? »**
4. « D'où venez-vous ? »

7 Pourquoi le geôlier s'est-il réjoui ? (16.34)

1. **Parce qu'il avait cru en Dieu avec toute sa famille**
2. Parce que les prisonniers se sont échappés
3. Parce qu'il n'était plus le geôlier
4. Toutes les réponses ci-dessus sont correctes

8 A quel moment les préteurs ont-ils envoyé les licteurs de relâcher Paul et Silas ? (16.35)

1. **Quand il faisait jour**
2. Cette même nuit
3. Une semaine plus tard
4. Après une quizaine de jours

9 Qu'est-ce que Paul voulait que les prêteurs fassent ? (16.37)

1. Qu'ils les relâchent secrétement de prison.

2. **Qu'ils viennent eux-mêmes les mettre en liberté.**

3. Qu'ils s'excusent publiquement pour les avoir battus.

4. Toutes les réponses ci-dessus sont correctes.

10 Complétez ce verset : « Pierre leur dit : Repentez-vous, et que chacun de vous soit baptisé au nom de Jésus-Christ, pour le pardon de vos péchés : et vous recevrez … » (Actes 2 :38)

1. « …la vie éternelle. »

2. **« …le don du Saint-Esprit. »**

3. « …des richesses qui ne se mesurent pas. »

4. « …tout ce que le Seigneur a promis. »

Actes 17.1-34

De nouveau sur la route

LE COMMENTAIRE BIBLIQUE

Pendant que Paul était à Athènes, il a vu plusieurs idoles à travers la ville. Il y en avait même une avec cette inscription : À UN DIEU INCONNU ! » Athènes était une ville d'élite, où se trouvaient une université et des intellectuels qui évaluaient leurs idées et leur savoir. Paul a eu des débats avec les philosophes épicuriens et stoïciens. Les Épicuriens poursuivaient le plaisir afin d'atteindre le bonheur. Ils utilisaient quelquefois le sacrifice de soi comme moyen d'atteindre le bonheur à long terme. Les Stoïciens ont enseigné les gens à vivre en conformité avec la nature et à être émotionnellement affectées par ces choses.

Paul a annoncé que ce « Dieu inconnu » qu'ils adoraient était en fait, le seul vrai Dieu, le Dieu vivant. Il a expliqué que Dieu a créé le monde, et il nous a donné le souffle et la vie, et que nous sommes ces enfants.

Le message de l'évangile que Paul a annoncé a contesté plusieurs des idées qui étaient acceptables culturellement pour les Athéniens. Ils étaient très différents des Juifs à qui Paul a prêché auparavant. Cette nouvelle audience ne connaissait pas les Écritures juives. Alors, Paul les a enseignés en utilisant un langage qu'ils comprenaient. Il a utilisé des métaphores familières pour les aider à commencer à comprendre Dieu. Il s'est même servi de citations de leur littérature pour décrire Dieu. Il s'est adressé à ces philosophes instruits d'une façon qui fait appel à leur intelligence. Il a présenté l'évangile d'une manière captivante.

Les Athéniens ont longtemps aspiré à adorer quelque chose d'authentique. Ils cherchaient quelque chose qui donnerait un sens et un but à leurs vies. Nous savons que leurs esprits étaient ouverts à l'idée d'un nouveau Dieu, car ils ont reconnu un « dieu inconnu. » De la même manière, beaucoup de gens dans notre monde aujourd'hui cherchent Dieu, mais ne savent pas comment le décrire. C'est notre responsabilité de trouver les moyens de partager le message de Jésus avec tout le monde, non pas seulement ceux avec des origines similaires. Jésus est celui qu'ils cherchent, et seulement lui est capable de répondre à leur désir pour connaître Dieu.

LES PAROLES DE NOTRE FOI

Le sabbat est le jour que Dieu a mis de côté pour se reposer, adorer et faire le bien. Pour les Juifs, le sabbat est le septième jour (le samedi). Les Chrétiens célèbrent le jour du Seigneur (le dimanche) en tant que sabbat puisque c'est le jour où Jésus est ressuscité d'entre les morts.

Un missionnaire est une personne appelée par Dieu et envoyée par l'Église pour apporter l'évangile aux gens des autres pays ou cultures.

Une idole représente toute chose qui est adorée au lieu de Dieu ou aimée plus que Dieu. La ville d'Athènes était pleine d'idoles faites d'or, d'argent ou de pierre.

L'Aréopage est une colline en Athènes où un groupe de philosophes se réunissaient pour discuter de questions philosophiques. Paul s'est adressé à ce groupe au sujet de la résurrection de Jésus.

L'ACTIVITÉ

Vous aurez besoin de ces articles pour cette activité :

- Un morceau de papier pour chaque enfant

- Un crayon à papier ou un stylo pour chaque enfant

Avant la classe, écrivez sur les papiers cette déclaration : « Je m'engage à me rendre où Dieu me demande d'aller pour annoncer aux gens Jésus. » En bas du papier, faites une ligne pour la signature de l'enfant.

En classe, dites : **Nous avons étudié les voyages que Paul a faits aux nombreuses villes. Pourquoi Paul s'est-il rendu dans ces villes ?** (Dieu a demandé à Paul d'annoncer aux gens, Jésus.) **Qu'est-ce qu'un missionnaire ?** (Quelqu'un qui va dans un autre pays ou une autre culture pour annoncer aux gens Dieu et son plan du salut en Jésus.) **Combien différent serait le monde si Paul était resté à Jérusalem et avait refusé de voyager ?** (Les gens dans les autres lieux du monde n'auraient pas entendu parler de Jésus. Dieu aurait pu choisir quelqu'un d'autre pour répandre l'évangile, mais celui-ci n'aurait pas eu le courage et la détermination de Paul).

Dites : **Dieu peut demander à l'un d'entre vous de quitter votre ville et de vous rendre à un autre lieu pour répandre l'évangile. Allez-vous dire oui si Dieu vous demande de faire cela ?**

Distribuez les papiers et les crayons à papier. Lisez la déclaration, puis priez et demandez à Dieu d'aider les enfants à s'engager à annoncer Jésus où ils habitent ou dans un autre lieu dans le monde. Encouragez-les à signer leur nom s'ils sont disposés à partager la bonne nouvelle de Jésus partout où ils vont et avec qui Dieu leur demande de partager. Certains vont signer immédiatement alors que d'autres vont signer plus tard. Dites aux enfants d'amener les papiers chez eux et de les garder dans leur Bible ou dans un lieu sûr.

Dites : **Nous remercions Dieu pour Paul et les autres missionnaires qui répandent l'évangile dans de nombreuses régions du monde.**

LA LEÇON BIBLIQUE

Préparez une histoire de la Bible basée sur les versets bibliques de la leçon. Une version simple à lire du passage biblique est inclut à la fin de ce livre aux pages 131-159. Les enfants comprennent mieux la leçon si vous la leur raconter au lieu de la lire.

Après l'histoire, encouragez les enfants à répondre aux questions suivantes. Il n'y a pas de bonnes ou de mauvaises réponses. Ces questions vont aider les enfants à comprendre l'histoire et à l'appliquer à leurs vies.

1. **Pourquoi pensez-vous que les Juifs qui ont causé du mal à Thessalonique étaient jaloux de Paul ? Quelquefois, quand quelqu'un a du succès dans une entreprise, les gens sont jaloux. Avez-vous déjà été jaloux de quelqu'un qui a mieux fait que vous dans quelque chose ?**

2. **Pourquoi les Béréens sont vus comme ayant de plus nobles caractères que les Thessaloniciens ? C'est important d'étudier les Écritures et de voir si ce que dit quelqu'un est vrai ? Pourquoi et pourquoi pas ? Comment savez-vous si quelqu'un enseigne la vérité ?**

3. **Comment vous seriez-vous ressenti si vous êtiez dans une foule de philosophes à l'Àréopage écoutant Paul parler ? Quelle aurait été votre réponse à ses paroles ?**

4. **Est-ce que les gens aujourd'hui adorent encore des idoles ? Expliquez votre réponse.**

Dites : **Quelquefois Dieu envoie des gens en tant que missionnaires à des lieux très loin ou à des cultures étrangères pour répandre sa bonne nouvelle. D'autres fois, il appelle les gens à être des témoins là où ils habitent. Que nous partons ou restons, remercions Dieu pour les occasions que nous recevons pour partager son amour avec les autres.**

LE VERSET À RETENIR

Pratiquez le verset à retenir de l'étude. Vous trouverez des suggestions pour les activités des versets à retenir aux pages 127-128.

LES ACTIVITÉS SUPPLÉMENTAIRES

Choisissez parmi ces options pour améliorer l'étude biblique des enfants.

1. Dites : **Une idole est quelque chose ou quelqu'un qu'une personne adore au lieu de Dieu. Dans l'Ancien Testament, les gens ont fait des idoles en bois, en or et en d'autres métaux, ou en pierre. Dans le Nouveau Testament, la ville d'Athènes était pleine d'idoles que les gens adoraient. Aujourd'hui, certaines personnes donnent encore une priorité importante à quelque chose ou quelqu'un en dehors de Dieu.**

   Demandez : **Quelles sont vos idoles aujourd'hui ?** Écrivez les réponses sur un tableau ou une grande feuille de papier. Certaines des réponses peuvent être : l'argent, la gloire, la popularité, les films ou les rock stars, les héros sportifs, l'éducation, etc… **Qu'a dit Paul aux gens au sujet de donner la priorité à ces personnes ou choses?**

2. Demandez : **Avez-vous déjà été témoin d'un accident ? Est-ce que quelqu'un vous a demandé de leur dire ce qui s'est passé ?** (Laissez les enfants répondre.) Lisez Actes 22.15. Dites : **Ce verset a le mot, témoin en lui. Qu'est-ce que cela signifie d'être témoin pour Jésus ?** (Vous dites aux autres votre histoire de ce que Jésus a fait pour vous).

Demandez à une personne adulte de venir dans votre classe et dire comment elle est devenue une chrétienne et comment le Saint-Esprit l'a aidée à vivre ainsi. Encouragez les enfants à être des témoins à leur famille et amis pour Jésus.

QUESTIONS À CHOIX MULTIPLES POUR LE NIVEAU DE BASE

Pour préparer les enfants à ce concours, lisez Actes 17.1-34.

1 Qui a dit : « Ce Jésus que je vous annonce est le Christ ? » (17.1-3)
1. Silas
2. **Paul**
3. Timothée

2 Dans quelle maison les Juifs ont-ils cherché Paul et Silas ? (17.5)
1. **La maison de Jason**
2. La maison de Marie
3. La maison de Lydie

3 Qu'ont fait les magistrats à Jason quand ils n'ont pas trouvé Paul et Silas dans sa maison ? (17.6-9)
1. Ils l'ont fouetté.
2. Ils l'ont questionné.
3. **Ils ont obtenu une caution.**

4 Qui a été envoyé du côté de la mer quand les Juifs de la Thessalonique sont venus pour agiter la foule ? (17.13-14)
1. Paul
2. Silas
3. Les réponses ci-dessus sont correctes

5 Qu'est-ce qui a irrité Paul quand il attendait Silas et Timothée à Athènes ? (17.16)
1. Le long moment que cela leur a pris avant d'arriver.
2. Le fait qu'il ne pouvait pas parler leur langue.
3. **La ville était pleine d'idoles.**

6 Quelle était l'inscription sur l'autel ? (17.23)
1. « Au Seigneur Jésus-Christ »
2. **« À un dieu inconnu »**
3. « Aux gens d'Athènes »

7 Qu'est-ce que Dieu donne à tous les hommes ? (17.25)
1. **La vie, la respiration et toutes choses**
2. Toutes les richesses du monde
3. Tout ce que nous demandons

8 Qui est-ce qui n'est pas loin de chacun de nous ? (17.27)
1. Paul
2. **Dieu**
3. Pierre

9 Qu'ont dit quelques-uns des poètes athéniens ? (17.28)
1. Nous lui appartenons.
2. Nous sommes héritiers du royaume.
3. **Nous sommes de sa race.**

10 Comment Dieu a-t-il prouvé qu'il a fixé un jour quand il jugera le monde selon la justice ? (17.31)
1. **En ressuscitant Jésus des morts**
2. En donnant à Paul les mots à dire
3. En offrant le jugement sur terre

QUESTIONS À CHOIX MULTIPLES POUR LE NIVEAU AVANCÉ

Pour préparer les enfants à ce concours, lisez Actes 17.1-34.

1 Qu'ont fait les Juifs alors qu'ils étaient jaloux à Thessalonique ? (17.5)

1. Ils se sont repentis et ont été baptisés.
2. Ils ont battu Paul et Silas.
3. **Ils ont provoqué des attroupements et répandu l'agitation.**
4. Ils ont envoyé leur souverain sacrificateur en prison.

2 De quoi les Juifs à Thessalonique ont-ils accusé Paul et Silas ? (17.6-7)

1. **D'agir contre les édits de César, disant qu'il y a un autre roi**
2. D'héberger des ennemis parmi eux
3. De visiter les maisons des pécheurs
4. De faire des miracles le jour du sabbat

3 Comment les Béréens ont-ils reçu le message ? (17.11)

1. À contrecoeur
2. Lentement, après consultation de leurs prêtes
3. Avec des esprits fermés
4. **Avec beaucoup d'empressement**

4 Qu'ont fait les Juifs à Thessalonique quand ils ont appris que Paul a annoncé la parole de Dieu à Bérée ? (17.13)

1. Ils ont quitté Bérée.
2. **Ils ont agité la foule à Bérée.**
3. Ils ont calmé la foule à Bérée.
4. Toutes les réponses ci-dessus sont correctes.

5 Paul a fait un débat avec un groupe de philosophes. Quelle est la remarque que certains d'entre eux ont fait ? (17.18)

1. « Il est en train de semer le trouble. »
2. **« Il semble qu'il annonce des divinités étrangères. »**
3. « Cet homme annonce la vérité. »
4. « Il donne simplement un enseignement. »

6 Comment les Athéniens et étrangers qui vivaient là passaient-ils leur temps ? (17.21)

1. **À dire ou à écouter des nouvelles**
2. À faire tout ce qu'ils leur plaisaient
3. À adorer les idoles
4. À recevoir des invités

7 Comment Paul savait-il que les hommes d'Athènes étaient très religieux ? (17.22-23)

1. **Il a découvert un autel avec cette inscription : « À un Dieu inconnu. »**
2. Ils avaient des images de Jésus sur le mur.
3. Ils obéissaient à la loi et les prophètes.
4. Il a trouvé une preuve que Jésus était là.

8 De quelle manière Paul décrit-il Dieu pendant qu'il était à Athènes ? (17.24)

1. Comme un Dieu jaloux
2. Comme un Dieu qui est inaccessible
3. **Comme le Seigneur du ciel et de la terre**
4. Comme un Dieu en colère

9 Qui donne la vie, la respiration, et toutes choses ? (17.24-25)

1. Paul
2. **Dieu**
3. Zeus
4. Athènes

10 Pour quelle raison Dieu a-t-il fixé un jour ? (17.31)

1. « Pour inonder toute la terre entière »
2. **« Pour juger le monde selon la justice »**
3. « Pour prouver sa puissance »
4. « Pour son retour »

Actes 18.1-11, 18-28

Enseignement et prédication

LE COMMENTAIRE BIBLIQUE

Luc nous présente à des autres ministres qui ont aidé Paul : Priscille, Aquilas, et Apollos. Quand la plupart de la population juive à Corinthe refusait de se repentir, Paul s'est chargé lui-même de la responsabilité de les enseigner. Il s'est concentré sur les païens parce qu'ils étaient sensibles au message. Une vision du Seigneur l'a encouragée à demeurer à Corinthe, et il y est resté pendant dix-huit mois. Pendant ce temps, il a eu de nombreuses occasions de partager le message de Jésus et de nouer des relations ave les gens.

Quand Paul a quitté Corinthe, Priscille et Aquilas l'ont rejoint. Les trois avaient becaucoup en commun. Ils étaient partenaires commerciaux et partageaient une vocation. Pendant qu'ils étaient à Éphèse, ils ont rencontré Apollos, un planteur d'églises en Égypte. Apollos était intelligent et connaissait les Écritures. Cependant, il ne connaissait pas toute l'histoire de Jésus. Donc, Priscille et Aquilas l'ont fait devenir leur disciple. Apollos a utilisé ce qu'il a appris, et a voyagé dans l'Achaïe pour proclamer et défendre la foi.

Dans 1 Corinthiens, Paul mentionne le travail de Priscille et Aquilas (16.19) et Apollos (3.6, 9). Il dit qu'il a planté les grains de l'évangile à Corinthe, mais qu'Apollos est venu arroser derrière lui, en encourageant et enseignant les croyants. Dieu les a fait croître.

Le ministère ne consiste pas au travail d'une personne seulement. Cela prend plusieurs personnes pour faire le travail correctement. Dans la leçon d'aujourd'hui, nous apprenons que :

• *Nous devons être courtois quand nous réprimandons les autres.*

Aquilas et Priscille ont enseigné à Apollos que sa compréhension de Jésus n'était pas complète. Cependant, ils lui ont dit cela en privé en sorte qu'ils n'avaient pas à l'embarrasser.

- *Nous avons tous un rôle dans le ministère à ceux autour de nous et en partageant l'évangile avec eux.*

Parfois, il est facile d'être découragé si quelqu'un n'accepte pas Christ. Cependant, nous pouvons trouver la paix dans la connaissance que Dieu peut et va tous nous utiliser pour aider à mener des autres à lui. De même qu'il a utilisé Apollos pour arroser les grains que Paul a plantés, il peut se servir des uns ou des autres pour planter les grains de la foi et les aider à grandir.

L'ACTIVITÉ

Vous aurez besoin de ces articles pour cette activité :

- Un tableau noir avec de la craie ou un tableau avec des marqueurs. Avant le début de la classe, écrivez « Cependant, Paul a obéi à Dieu. »

Dites : **Aujourd'hui, nous allons partager quelques-unes des expériences difficiles de Paul. Je vais lire une phrase, et puis je voudrais que vous la lisiez du tableau. Vous allez répéter cette phrase après que je la lise pour vous.**

Lisez ces phrases et faites une pause pour que les enfants répondent.

- **À Jérusalem, les Chrétiens ont eu peur de Paul.** (Cependant, Paul a obéi à Dieu.)

- **À Salamine, un sorcier a essayé d'empêcher Paul de témoigner au gouverneur.** (Cependant, Paul a obéi à Dieu.)

- **À Antioche de Pisidie, certains Juifs ont causé des problèmes pour Paul et Barnabas.** (Cependant, Paul a obéi à Dieu)

- **À Icone, certains Juifs ont agité les païens et ont plannifié de maltraiter et lapider Paul.** (Cependant, Paul a obéi à Dieu).

- **À Lystres, certaines personnes ont lapidé Paul et l'ont traîné hors de la ville.** (Cependant, Paul a obéi à Dieu.)

- **Paul et Barnabas étaient en désaccord au sujet de Jean Marc.** (Cependant, Paul a obéi à Dieu.)

- **Paul a voulu se rendre à Mysie, mais le Saint-Esprit lui a dit d'aller en Macédoine.** (Cependant, Paul a obéi à Dieu.)

- **À Philippes, les magistrats ont mis Paul et Silas en prison.** (Cependant, Paul a obéi à Dieu.)

- **À Thessalonique, les Juifs ont commencé une agitation contre Paul.** (Cependant, Paul a obéi à Dieu.)

- **À Athènes, peu de gens ont cru en Jésus, mais les autres se sont moqués de Paul.** (Cependant, Paul a obéi à Dieu.)

- **À Corinthe, les Juifs se sont opposés à Paul et sont devenus violents, alors il s'est tourné vers les païens.** (Cependant, Paul a obéi à Dieu.)

Dites : **Paul a souffert à travers de nombreuses situations difficiles. Vous pouvez rencontrer le ridicule ou aussi des** situations difficiles. N'abandonnez pas. Les amis ou la famille ne vont peut être pas apprécié ce que vous dites ou faites en tant que Chrétien. Cependant, comme Paul, continuez d'obéir à Dieu.

LA LEÇON BIBLIQUE

Préparez une histoire de la Bible basée sur les versets bibliques de la leçon. Une version simple à lire du passage biblique est inclut à la fin de ce livre aux pages 131-159. Les enfants comprennent mieux la leçon si vous la leur raconter au lieu de la lire.

Après l'histoire, encouragez les enfants à répondre aux questions suivantes. Il n'y a pas de bonnes ou de mauvaises réponses. Ces questions vont aider les enfants à comprendre l'histoire et à l'appliquer à leurs vies.

1. **Comment pensez-vous qu'Aquilas et Priscille se sont ressentis après avoir quittés Rome pour se retrouver si loin ?**

2. **Paul était ami d'Aquilas et Priscille. Comment pensez-vous qu'ils l'ont aidé ? Comment vos amis vous aident ?**

3. **Paul aurait pu être découragé quand les gens ne voulaient pas entendre son message. Qu'est-ce que Dieu lui a dit dans Actes 18.9-19 ?**

4. **Dans vos propres mots, dites ce qui s'est passé quand Apollos est venu à Éphèse et a enseigné dans la synagogue.**

Dites : **Alors que les gens, de plus en plus, étaient délivrés de leur péché, la bonne nouvelle se répandait. La puissance de Dieu était évidente. Tout le** monde a entendu ce qui se passait. De nombreuses personnes sont devenues des disciples de Jésus-Christ. Nous pouvons décider de suivre Jésus-Christ, de même que les gens à qui Paul a prêché.

LE VERSET À RETENIR

Pratiquez le verset à retenir de l'étude. Vous trouverez des suggestions pour les activités des versets à retenir aux pages 127-128.

LES ACTIVITÉS SUPPLÉMENTAIRES

Choisissez parmi ces options pour améliorer l'étude biblique des enfants.

1. Écrivez un des deux noms qui vont ensemble sur un morceau de papier (voir la liste ci-dessous). Distribuez un papier à chaque enfant. Donnez-les aux enfants qui vont faire la paire. Laissez les enfants dire à quel point la personne ou le lieu qui vont de pair sont liés dans nos études en Actes.

   • Aquilas / Priscille

   • Paul / Silas

   • Crispus / Un responsable de la synagogue

   • Apollos / Besoin d'informations nécessaires

   • Athènes / La ville avec l'idole d'un dieu inconnu

   • Lydie / Une marchande de draps de pourpre

   • Jason / A ouvert sa maison à Paul

2. Fournissez des stylos ou des marqueurs et du papier. Aidez les enfants à faire

une carte pour quelqu'un qui est découragé. Donnez des versets bibliques que les enfants peuvent utiliser sur les cartes.

QUESTIONS À CHOIX MULTIPLES POUR LE NIVEAU DE BASE

Pour préparer les enfants à ce concours, lisez Actes 18.1-11, 18-28.

1 **Où Paul est-il allé après avoir quitté Athènes ? (18.1)**
1. À Thessalonique
2. **À Corinthe**
3. À Antioche

2 **Pourquoi Paul est-il resté avec Aquilas et Priscille ? (18.2-3)**
1. **Parce qu'il était faiseur de tentes**
2. Parce qu'ils avaient beaucoup d'argent
3. Parce qu'ils étaient d'Italie

3 **À Corinthe, que faisait Paul à chaque sabbat ? (18.4)**
1. **Paul discourait dans la synagogue.**
2. Il travaillait en tant que faiseur de tentes.
3. Il partait à Tarse.

4 **Qui a dit à Paul : « Ne crains point : mais parle, et ne te tais point ? » (18.9)**
1. **Le Seigneur dans une vision**
2. Barnabas et Timothée
3. Les croyants à Corinthe

5 **Combien de temps Paul est-il resté à Corinthe ? (18.11)**
1. Deux semaines
2. **Un an et six mois**
3. Peu de temps

6 **Pourquoi Paul s'est-il rasé la tête à Cenchrées ? (18.18)**
1. Parce que ses cheveux étaient trop longs
2. Parce qu'il ne voulait pas que quelqu'un le reconnaisse
3. **Parce qu'il avait fait un voeu**

7 **Qu'a fait Paul à travers la région de Galatie et Phrygie ? (18.23)**
1. **Il a fortifié tous les disciples**
2. Il s'est caché parmi les païens
3. Les réponses ci-dessus sont correctes.

8 **Quel était le seul baptême qu'Apollos connaissait ? (18.25)**
1. Le baptême de Pierre
2. **Le baptême de Jean**
3. Le baptême de Jésus

9 **Qu'ont fait Priscille et Aquilas pour Apollos ? (18.26)**
1. L'ont invité à leur maison
2. Lui ont expliqué la voie de Dieu plus exactement
3. **Les réponses ci-dessus sont correctes.**

10 **Qu'a fait Apollos en arrivant à Achaïe ? (18.27-28)**
1. Il a refuté vivement les Juifs en public.
2. Il a démontré par les Écritures que Jésus est le Christ.
3. **Les réponses ci-dessus sont correctes.**

QUESTIONS À CHOIX MULTIPLES POUR LE NIVEAU AVANCÉ

Pour préparer les enfants à ce concours, lisez Actes 18.1-11, 18-28.

1 Pourquoi Aquilas et Priscille sont venus d'Italie de Corinthe? (18.1-2)

1. Parce qu'ils avaient des amis et de la famille là

2. **Parce que Claude avait ordonné à tous les Juifs de sortir de Rome**

3. Parce qu'ils cherchaient du travail à Corinthe

4. Parce que Priscille avait besoin de vacances

2 Qu'a fait Paul dans la synagogue à chaque sabbat? (18.4)

1. **Il discourait et persuadait les Juifs et les Grecs.**

2. Il prêchait quand le rabbin n'était pas là.

3. Il a fait part de ses plans de voyage.

4. Il a condamné les pécheurs.

3 Qu' dit Paul quand les Juifs se sont opposés à lui et sont devenus violents? (18.6)

1. « Que votre sang retombe sur votre tête! »

2. « J'en suis pur. »

3. « Dès maintenant, j'irai vers les païens. »

4. **Toutes les réponses ci-dessus sont correctes.**

4 Qui a accompagné Paul en Syrie? (18.18)

1. Barnabas et Timothée

2. **Priscille et Aquilas**

3. Les frères

4. Personne

5 À Éphèse, qu'a fait Paul quand Priscille et Aquilas lui ont demandé de prolonger son séjour? (18.19-21)

1. Il a accepté.

2. **Il n'y a pas consenti, mais a promis qu'il reviendrait si Dieu le veut.**

3. Il leur a dit qu'il allait prier à ce sujet.

4. Il a décidé de rester pour deux semaines.

6 Comment le livre des Actes décrit-il Apollos? (18.24-25)

1. Un homme éloquent, versé dans les Écritures.

2. Il était instruit dans la voie du Seigneur, et fervent d'esprit, il annonçait et enseignait avec exactitude de ce qui concerne Jésus.

3. Il ne connaissait que le baptême de Jean.

4. **Toutes les réponses ci-dessus sont correctes.**

7 Qu'ont fait Priscille et Aquilas quand ils ont entendu Apollos? (18.26)

1. **Ils lui ont expliqué plus exactement la voie de Dieu.**

2. Ils l'ont condamné.

3. Ils ont fait savoir à Paul qu'ils allaient le renvoyer immédiatement.

4. Ils lui ont demandé tranquillement de partir.

8 En Achaïe, qui était d'une grande aide à ceux qui, par la grâce, avaient cru? (18.27)

1. Paul

2. Barnabas

3. **Apollos**

4. Toutes les réponses ci-dessus sont correctes.

9 En Achaïe, qu'est-ce qu'Apollos a prouvé des Écritures ? (18.28)

1. Que Paul était le Christ

2. Que l'histoire de la création était vraie

3. **Que Jésus est le Christ**

4. Que Dieu va juger tout le monde

10 Selon Romains 8.31, qui est pour nous? (Romains 8.31)

1. Personne

2. Tous les croyants

3. **Dieu**

4. Le Seigneur Jésus-Christ

LA VÉRITÉ BIBLIQUE

Le Saint-Esprit nous donne la puissance de faire des choses étonnantes.

LE CONSEIL PÉDAGOGIQUE

Au cours de l'émeute, Ils ont emmené Paul à un théatre qui a été utilisé pour les assemblées. Ce théatre pouvait acceuillir environ vingt-cinq mille personnes. Avec toute la ville réunie à un seul lieu, Paul a vu une occasion d'aborder en une fois des milliers de personnes avec l'évangile de Christ. Aidez les enfants à comprendre pourquoi les disciples ont ressenti que Paul faisait face à une mort certaine aux mains de cette foule massive et hostile.

Actes 19.1-12, 23-41 ; 20.7-12

Les émeutes et miracles

LE COMMENTAIRE BIBLIQUE

Le ministère de Paul aux Éphésiens a évoqué de fortes émotions : les émotions positives à l'égard de l'Esprit, et une profonde colère contre le Christianisme.

Quand Paul est arrivé à Éphèse, les croyants n'avaient pas encore éprouvés la puissance du Saint-Esprit. Paul leur a demandé certaines questions et leur a enseignés au sujet de Jésus et du Saint-Esprit. Il a baptisé les nouveaux croyants.

Pendant que Paul était à Éphèse, Dieu a fait des miracles à travers lui : guérir des maladies et chasser des mauvais esprits. Ces actes étaient l'évidence de l'œuvre du Saint-Esprit à travers Paul.

Cependant, la colère montait parmi les orfèvres locaux qui ont fait beaucoup d'argent, en créant des idoles d'argent du dieu local. La prédication de Paul a menacé leur mode de vie, à la fois religieusement et financièrement. Ils ont essayé d'arrêter le message de Paul, mais tout était en vain.

Malgré le tumulte à Éphèse, Paul a continué de voyager et prêcher le message de Christ. Il a compris que la persécution et les épreuves de la vie feraient partie de sa vie.

LES PAROLES DE NOTRE FOI

La repentance est l'acte de se détourner du péché et se tourner vers Dieu. D'être désolé pour le péché, de demander pardon, et de vivre pour Dieu.

L'ACTIVITÉ

Vous aurez besoin de ces articles pour cette activité :
• Une carte du monde

- Une carte de votre pays
- Une carte de votre ville

En classe, lisez Actes 1.8 aux enfants. Revoyez la signification du mot témoin. Dites : **Nommez les lieux mentionnés dans Actes 1.8.** Laissez les enfants répondre. **Jérusalem est une cité. La Judée et la Samarie sont des pays. Le bout de la terre représente toutes les autres parties du monde. Si vous mettez ce verset en pratique, vous deviendrez des témoins dans votre ville, votre pays, et toutes les autres parties du monde.**

Comment pouvez-vous témoigner aux gens dans votre ville ? (Vous pouvez témoigner à votre famille et vos amis, aux gens dans les magasins, et à ceux à l'école et dans les autres parties de la ville).

Comment pouvez-vous témoigner aux gens dans les autres parties de votre pays ? (Vous pouvez témoigner aux membres de votre famille et vos amis qui vivent dans les autres parties du pays. Vous pouvez aller en vacances dans une ville différente).

Comment pouvez-vous témoigner aux gens dans les autres pays ? (Vous pouvez écrire des lettres aux missionnaires. Quand vous donnez aux offrandes pour les missions, vous aidez les missionnaires à apporter l'évangile à des pays différents).

Vous pouvez témoigner aux gens de votre ville, votre pays, et toutes les autres parties du monde. Vous pouvez obéir à Actes 1.8.

LA LEÇON BIBLIQUE

Préparez une histoire de la Bible basée sur les versets bibliques de la leçon. Une version simple à lire du passage biblique est inclut à la fin de ce livre aux pages 131-159. Les enfants comprennent mieux la leçon si vous la leur raconter au lieu de la lire.

Après l'histoire, encouragez les enfants à répondre aux questions suivantes. Il n'y a pas de bonnes ou de mauvaises réponses. Ces questions vont aider les enfants à comprendre l'histoire et à l'appliquer à leurs vies.

1. **Quelle est la différence entre le baptême de Jean et le baptême au nom du Seigneur Jésus ?**

2. **Pourquoi pensez-vous que Paul a arrêté de parler à la synagogue et s'est rendu dans une école ?**

3. **Expliquez ce qui a causé un grand trouble avec les artisans et les autres ouvriers à Éphèse. Quelle était la réponse de Paul à la foule ?**

4. **Pourquoi pensez-vous que les disciples et amis de Paul ne voulaient pas qu'il s'adresse à la foule ?**

Dites : **Paul était rempli du Saint-Esprit. Cela signifie qu'il a donné toute sa vie entière à Dieu et que le Saint-Esprit a influencé ses pensées, ses émotions et désirs. Quand Paul faisait face à ses problèmes, le Saint-Esprit était avec lui. La volonté de Dieu était faite. Merci Seigneur que le même Saint-Esprit qui a rempli Paul est disponible pour nous aujourd'hui.**

LE VERSET À RETENIR

Pratiquez le verset à retenir de l'étude. Vous trouverez des suggestions pour les activités des versets à retenir aux pages 127-128.

LES ACTIVITÉS SUPPLÉMENTAIRES

Choisissez parmi ces options pour améliorer l'étude biblique des enfants.

1. Dites : **Dans cette étude, nous avons appris au sujet de certains miracles. Quels étaient-ils ?** (Paul a ramené Eutyche à la vie. Les gens ont utilisé des linges et mouchoirs que Paul a touché pour guérir ceux qui étaient malades). Demandez : **Dieu fait-il encore des miracles aujourd'hui ? Connaissez-vous quelqu'un qui a reçu un miracle de Dieu ?**

   Demandez au pasteur de parler aux enfants au sujet des miracles qui se produisent encore. Peut être que quelqu'un de votre église a connu un miracle.

2. Les Éphésiens ont accepté Jésus comme Sauveur, mais ils ne savaient pas qu'il y avait le Saint-Esprit. Demandez aux élèves de numériser les versets en Actes pour déterminer combien de fois l'expression « Saint-Esprit » apparait dans Actes. (si cela est nécessaire, donnez un ou plusieurs chapitres à chaque enfant).

   Demandez : **Comment le Saint-Esprit aide-t-il les Chrétiens ?** Faites une liste des rôles du Saint-Esprit sur le tableau ou sur une grande feuille de papier. (Le Saint-Esprit est un confort, un guide, un enseignant, une source de force et de courage, et une aide. Le Saint-Esprit aide durant les tentations et les moments de découragement. Le Saint-Esprit donne la paix, la joie, et la compréhension).

QUESTIONS À CHOIX MULTIPLES POUR LE NIVEAU DE BASE

Pour préparer les enfants à ce concours, lisez Actes 19.1-12, 23-41 ; 20.7-12.

1 Combien d'hommes ont été baptisés et ont reçu le Saint-Esprit à Éphèse ? (19.5-7)

1. Cent

2. **Environ douze**

3. Juste un peu

2 Qu'est-ce qui s'est passé après que les disciples à Éphèse ont été baptisés et que Paul leur a imposé les mains ? (19.5-6)

1. Le Saint-Esprit est descendu sur eux.

2. Ils ont parlé en langues et prophétisé.

3. **Les réponses ci-dessus sont correctes.**

3 Qui a fait des miracles extraordinaires à Éphèse ? (19.11)

1. Les disciples

2. **Dieu par les mains de Paul**

3. Tous ceux qui croyaient

4 À propos de quoi s'est-il produit un grand trouble à Éphèse ? (19.23)

1. **À propos de la voie du Seigneur**

2. À propos du passé de Paul

3. À propos du dieu fait de main d'homme étant le plus grand

5 Qui était Démétrius ? (19.24)

1. Un prédicateur à Éphèse

2. **Un orfèvre qui fabriquait en argent des temples de Diane**

3. Un magicien

6 Qu'a dit Paul des dieux faits de main d'hommes ? (19.26)

1. C'est insensé

2. Ce sont de belles statues

3. **Ils ne sont pas des dieux**

7 Après que Paul ait dit que les dieux faits de main d'homme ne sont pas des dieux, que s'est-il passé ? (19.26-29)

1. **Toute la ville était dans la confusion.**

2. Ceux qui adoraient dans les temples de Diane étaient heureux.

3. Les disciples étaient bouleversés.

8 Au théâtre à Éphèse, qui les Juifs ont-ils poussé en avant ? (19.33)

1. Paul

2. **Alexandre**

3. Démétrius

9 Qu'a dit le secrétaire que Paul et ses hommes n'ont pas fait à Éphèse ? (19.37)

1. Ils n'ont pas commis de sacrilèges.

2. Ils n'ont pas blasphémé contre leur déesse.

3. **Les réponses ci-dessus sont correctes.**

10 Qu'est-il arrivé à Eutychus quand il est tombé de la fenêtre ? (20.9-10)

1. Il est tombé en bas et fut relevé mort.

2. Paul l'a pris dans ses bras et a dit à tout le monde qu'il était vivant.

3. **Les réponses ci-dessus sont correctes.**

QUESTIONS À CHOIX MULTIPLES POUR LE NIVEAU AVANCÉ

Pour préparer les enfants à ce concours, lisez Actes 19.1-12, 23-41 ; 20.7-12.

1 Qu'a demandé Paul aux disciples en arrivant à Éphèse ? (19.1-2)

1. « Est-ce qu'Apollos est venu ici ? »

2. « Combien de chrétiens y a t-il ici ? »

3. **« Avez-vous reçu le Saint-Esprit, quand vous avez cru ? »**

4. « Est-ce que vous vous rappelez qui je suis ? »

2 Pourquoi Paul s'est-il séparé de quelques-uns à Éphèse ? (19.9)

1. Ils restaient endurcis.

2. Ils étaient incrédules.

3. Ils décriaient publiquement la voie du Seigneur.

4. **Toutes ls réponses ci-dessus sont correctes.**

3 Que s'est-il passé quand les linges et les mouchoirs qui touchaient Paul étaient appliqués sur les malades ? (19.12)

1. L'état des malades est devenu pire et ils sont morts.

2. **Les maladies les quittaient et les esprits malins sortaient.**

3. Les linges et les mouchoirs ont magiquement disparus.

4. Le Saint-Esprit est venu sur les malades.

4 Comment le livre des Actes décrit-il Démétrius ? (19.24)

1. Il était un orfèvre.

2. Il fabriquait des temples de Diane.

3. Il procurait à ses ouvriers un gain considérable.

4. **Toutes les réponses ci-dessus sont correctes.**

5 Qu'est-ce qui allait perdre son beau nom pour Démétrius ? (19.27)

1. **Son industrie**

2. Le Seigneur, Jésus-Christ

3. Lea adorateurs de Diane

4. Toutes les réponses ci-dessus sont correctes.

6 Qu'ont crié les ouvriers quand ils ont entendu les paroles de Démétrius ? (19.28)

1. « Longue vie au Roi ! »

2. « Nours croyons en Jésus-Christ ! »

3. **« Grande est la Diane des Éphésiens ! »**

4. « Arrêtez Paul et persécutez-le ! »

7 De quoi la ville d'Éphèse est-elle la gardienne ? (19.35)

1. De plusieurs dieux et déesses

2. **Du temple de la grande Diane et de son simulacre**

3. De la parole écrite de Dieu

4. Toutes les réponses ci-dessus sont correstes.

8 Qu'a suggéré le secrétaire à Démétrius et ses ouvriers de faire ? (19.38)

1. De rester tranquilles

2. De provoquer des émeutes dans les rues aussi longtemps qu'ils le voulaient

3. **D'appeler en justice les uns les autres**

4. De faire des idoles de dieux différents

9 Q'est-il arrivé à Eutychus pendant que Paul prêchait ? (20.9-10)

1. Il s'est endormi.

2. Il est tombé de la fenêtre.

3. Il est mort.

4. **Toutes les réponses ci-dessus sont correctes.**

10 Qu'a fait Paul après avoir ressuscité des morts, Eutychus ? (20.10-11)

1. Il a arrêté de prêcher et est allé chez lui.

2. **Il a rompi le pain, l'a mangé et a parlé longtemps encore jusqu'au jour.**

3. Il a dit à Eutychus de rester éveillé.

4. Toutes les réponses ci-dessus sont correctes.

Étude 15

La course incroyable de Paul

LE VERSET À RETENIR

Mais je ne fais pour moi-même aucun cas de ma vie, comme si elle m'était précieuse, pourvu que j'accomplisse ma course avec joie, et le ministère que j'ai reçu du Seigneur Jésus d'annoncer la bonne nouvelle de la grâce de Dieu. (Actes 20.24)

LA VÉRITÉ BIBLIQUE

Dieu nous confie la tâche de partager l'évangile.

LE CONSEIL PÉDAGOGIQUE

• Rappelez-vous que certains enfants sont passés par une perte ou un deuil dans leurs vies. Soyez sensibles aux sentiments des élèves pendant que vous leur faites savoir comment les disciples de Paul se sont ressentis quand il les a quittés.

• Le Jacques mentionné en chapitre 21.18 est le frère de Jésus. Il est devenu un croyant après la mort de Jésus et était un témoin de la résurrection. Il était un leader de l'église à Jérusalem. Beaucoup ont le sentiment qu'il a probablement écrit le livre de Jacques.

LE COMMENTAIRE BIBLIQUE

Paul était fidèle à l'évangile, malgré que cela lui ait coûté beaucoup. Il a souffert de nombreuses épreuves afin de proclamer la vérité de Jésus. Partout où il allait, Paul devait souffrir à cause du message.

Dans les exhortations finales de Paul à l'église d'Éphèse, il leur a rappelé son exemple. Il a travaillé dur pour subvenir à ses propres besoins. De la même manière, il a exhorté les Éphésiens à travailler dur afin d'aider les faibles, et de partager l'évangile. Il leur a rappelé de ne pas rechercher les récompenses monétaires, mais de reconnaître la valeur de leurs relations. Voir Matthieu 5.1-12 pour les manières que les chrétiens expérimentent les bénédictions de Dieu.

Une des caractéristiques qui définit les chrétiens est leur service à ceux qui sont les marginaux de la société. Les histoires lues dans les Actes démontrent comment les croyants ont partagé leurs vies les uns avec les autres, y compris leurs ressources. C'est la mission que Paul a souligné aux Éphésiens.

Paul a décrit ses épreuves comme un rappel afin que ceux qui suivent Jésus puissent se préparer à l'encontre de grandes difficultés. C'est le Saint-Esprit qui permet à l'adepte d'endurer et de persévérer.

Le rapport de Paul a contribué encore davantage à concilier la relation troublée avec les leaders de l'église de Jérusalem. Son ministère aux païens n'a pas contaminé sa foi. Au contraire, propager le message aux païens a démontré la grande grâce et la miséricorde de Jésus. La bonne nouvelle au sujet de Jésus était que Dieu ait constamment recherché à rassembler tous les gens à lui.

Nous partageons la mission de Dieu quand nous partageons Jésus avec les autres.

LES PAROLES DE NOTRE FOI

La grâce est toutes choses que Dieu a pour nous, y compris son amour, sa miséricorde, son pardon, et sa puissance à l'œuvre dans nos vies. Dieu nous donne sa grâce librement parce qu'il nous aime, et non pas parce que nous la méritons.

Une exhortation est un bref discours comprenant des conseils ou des recommandations. Les Actes ont plusieurs exhortations de Paul aux églises qu'il a visitées.

LA LEÇON BIBLIQUE

Préparez une histoire de la Bible basée sur les versets bibliques de la leçon. Une version simple à lire du passage biblique est inclut à la fin de ce livre aux pages 131-159. Les enfants comprennent mieux la leçon si vous la leur raconter au lieu de la lire.

Après l'histoire, encouragez les enfants à répondre aux questions suivantes. Il n'y a pas de bonnes ou de mauvaises réponses. Ces questions vont aider les enfants à comprendre l'histoire et à l'appliquer à leurs vies.

1. **Pourquoi pensez-vous que Paul a envoyé chercher les anciens d'Éphèse ?**

2. **Qu'a dit Paul au sujet du désir de l'argent, de l'or, ou de beaux vêtements ? Qu'est-ce que Paul a considéré être plus précieux que ces choses ?**

3. **Que pensez-vous que Paul avait en tête quand il leur a dit qu'il se rendait à Jérusalem ?**

4. **Pourquoi les anciens étaient-ils si tristes quand ils ont dit adieu à Paul ? Avez-vous déjà dit adieu à un ami que vous n'allez plus revoir ? Comment vous êtes-vous ressenti ?**

Dites : **Paul et les anciens étaient tristes quand ils ont réalisé qu'ils n'allaient plus se revoir. Avant de se quitter, ils se sont agenouillés et ont prié. Ils savaient que Dieu entendrait et répondrait à leurs prières, quand ils se tournèrent vers lui pour le confort. La prière est toujours une réponse appropriée quand nous sommes tristes. Dieu est près de nous dans les moments tristes aussi bien que les bons moments.**

L'ACTIVITÉ

Vous aurez besoin de ces articles pour cette activité :

- Un morceau de papier pour chaque enfant

- Un crayon à papier pour chaque enfant

Avant la classe, choisissez une tâche que vous faites régulièrement (par exemple : se préparer pour aller au travail, faire des courses, faire un planning, ou aider les enfants à faire leurs devoirs d'école.) Faites une liste des étapes à effectuer pour l'achever.

Dites: **Voici une tâche que je fais régulièrement. Voilà les étapes pour l'achever.** Lisez votre liste. Distribuez le papier et les crayons à papier. Demandez aux enfants de penser à une tâche qu'ils font chaque jour. Ils vont créer une liste pour l'achever. Laissez des volontaires lirent leurs listes. Demandez à chaque volontaire : **Si vous oubliez l'une des étapes, pouvez-vous achever la**

tâche ? Prévoyez du temps aux enfants pour discuter de la question.

Lisez Actes 20.24. Dites : **Paul était déterminé pour achever la tâche que Dieu lui avait donnée.**

Demandez à un volontaire de lire Actes 13.46-47. Dites : **Dans ces versets, Paul a dit aux Juifs qu'ils ont rejetés le message au sujet de Jésus. Donc, Dieu a envoyé Paul aux païens pour leur prêcher l'évangile. Paul a donné un rapport aux leaders d'Éphèse et de Jérusalem. Il leur a dit qu'il voulait achever la tâche que Dieu lui avait donnée. Il s'est rendu à de nombreuses villes. Il a prêché l'évangile et a suivi la direction du Saint-Esprit.**

Prenez le temps de prier avec les enfants. Demandez à Dieu de les aider à faire tout ce qu'il veut qu'ils fassent.

LE VERSET À RETENIR

Pratiquez le verset à retenir de l'étude. Vous trouverez des suggestions pour les activités des versets à retenir aux pages 127-128.

LES ACTIVITÉS SUPPLÉMENTAIRES

Choisissez parmi ces options pour améliorer l'étude biblique des enfants.

1. Demandez à un volontaire de lire Actes 20.32-35. Dites : **Dans ces versets, Paul a dit qu'il a travaillé avec diligence pour répondre à ses propres besoins ainsi que ceux des autres. Il a rappelé aux chrétiens d'aider les autres dans le besoin.**

Discutez de projets bénévoles que votre classe peut faire pour les gens dans le besoin dans votre église ou la communauté (par exemple : collectionnez de la nourriture ou des vêtements pour une famille dans le besoin, nettoyer le jardin d'une personne agée, faire des courses pour une personne handicappée, offrir d'aller chercher quelqu'un pour le déposer à l'église, ou lire à une personne qui a une mauvaise vue.) Encouragez chaque enfant à participer à un projet (avec la classe ou seul).

2. Dites : **Quand vous allez à l'école, vous recevez votre carnet de notes. Ces notes vous disent à quel point vous avez achevé votre travail. Paul a donné un rapport aux leaders d'Éphèse et de Jérusalem. Il leur a dit ce qu'il a achevé lors de ces voyages.**

Demandez aux volontaires de lire les versets suivants et d'écrire sur le tableau ce que Paul a rapporté. : Actes 20.19-21 ; 20.24 ; 20.31 ; 20.34 ; 20.35. Puis, laissez les élèves décider d'une note à donner à Paul pour chacune de ces déclarations.

QUESTIONS À CHOIX MULTIPLES POUR LE NIVEAU DE BASE

Pour préparer les enfants à ce concours, lisez Actes 20.17-24, 32-38 ; 21.17-19.

1 **De quelle manière Paul a-t-il enseigné à Éphèse ? (20.20)**

1. Publiquement
2. De maison en maison
3. **Les réponses ci-dessus sont correctes.**

2 **Qu'a annoncé Paul aux Juifs et aux Grecs ? (20.21)**

1. Qu'ils devaient se repentir envers Dieu
2. Qu'ils devaient avoir la foi en Jésus
3. **Les réponses ci-dessus sont correctes.**

3 **Qui a lié Paul pour aller à Jérusalem ? (20.22)**

1. **L'Esprit**
2. Un ange
3. Barnabas

4 **Quelle valeur Paul a-t-il donnéé à sa vie ? (20.24)**

1. Tout
2. **Aucune**
3. Seulement un peu

5 **De quoi le Saint-Esprit a-t-il averti Paul de ville en ville ? (20.23)**

1. Que des liens l'attendaient
2. Que des tribulations l'attendaient
3. **Les réponses ci-dessus sont correctes**

6 **Qu'est-ce que Paul n'a pas désiré ? (20.33)**

1. L'argent et l'or
2. Les vêtements
3. **Les réponses ci-dessus sont correctes**

7 **Selon les paroles du Seigneur Jésus, « Il y a plus de bonheur à donner que … » (20.35)**

1. « …de prendre des autres. »
2. **« …de recevoir. »**
3. « …d'avoir trop. »

8 **Qu'est-ce qui a surtout affligés les anciens ? (20.38)**

1. **Que Paul a dit qu'ils ne verraient plus son visage**
2. Que Paul n'allait plus revenir
3. Qu'ils ne pouvaient pas aller avec Paul

9 **Qu'ont fait les frères quand Paul et ses compagnons sont arrivés à Jérusalem ? (21.17)**

1. **Ils les ont reçus avec joie.**
2. Ils les ont emprisonnés.
3. Ils leur ont donné des soins médicaux.

10 **De quoi Paul a-t-il parlé à Jacques et aux anciens quand il est arrivé à Jérusalem ? (21.19)**

1. Des problèmes que les Juifs ont causés
2. **De ce que Dieu avait fait au milieu des païens**
3. Les réponses ci-dessus sont correctes

QUESTIONS À CHOIX MULTIPLES POUR LE NIVEAU AVANCÉ

Pour préparer les enfants à ce concours, lisez Actes 20.17-24, 32-38 ; 21.17-19.

1 De quelle manière Paul a-t-il servi le Seigneur pendant qu'il vivait à Jérusalem ? (20.17-19

1. Avec peur et tremblement
2. Avec humilité et larmes
3. Avec confiance et force
4. Avec l'incertitude et l'insécurité

2 De quelle manière Paul a-t-il enseigné à Éphèse ? (20.20)

1. Avec hésitation
2. Publiquement et de maison en maison
3. En se tenant debout sur une plate-forme
4. Un tout petit groupe de croyants

3 Qu'a annoncé Paul, à la fois aux Juifs et Grecs à Éphèse ? (20.21)

1. Que les dieux d'Éphèse étaient des faux dieux
2. Tout ce qu'il savait
3. Qu'ils devraient se repentir envers Dieu et avoir la foi en le Seigneur Jésus
4. Seulement ce qu'ils pouvaient gérer

4 Pour quel lieu le Saint-Esprit a-t-il averti Paul que les liens et les tribulations l'attendaient ? (20.23)

1. À Jérusalem
2. En Asie
3. De ville en ville
4. Dans les synagogues juives

5 À quoi Paul a-t-il recommandé les anciens de l'église ? (20.32)

1. Aux uns et aux autres
2. À Dieu et la parole de sa grâce
3. À la direction de Silas et Timothée
4. Au peuple d'Éphèse

6 Quelles sont les mains qui ont pourvues aux besoins de Paul ? (20.34)

1. Les mains de ses compagnons
2. Les mains des disciples
3. Les mains des païens
4. Les siennes

7 Que s'est-il passé après que Paul ait fini de parler aux anciens d'Éphèse ? (20.36-37)

1. Il s'est agenouillé et a prié
2. Ils ont fondu en larmes
3. Ils l'ont embrassé
4. Toutes les réponses ci-dessus sont correctes.

8 Qui Paul et les autres ont-ils reçu avec joie quand ils sont arrivés à Jérusalem ? (21.17)

1. Les frères
2. Personne
3. Tous ceux qu'ils ont vus
4. Seulement les douze apôtres

9 À propos de quoi Paul a donné un rapport, en détail, quand il est arrivé à Jérusalem ? (21.19)

1. À propos des gens d'Éphèse qui ne croyaient pas
2. À propos des émeutes qu'il a vues
3. À propos de ce que Dieu a fait au milieu des païens par son ministère
4. Toutes les réponses ci-dessus sont correctes.

10 Complétez ce verset : « Mais je ne fais pour moi-même aucun cas de ma vie, comme si elle m'était précieuse, pourvu que j'accomplisse ma course avec joie, et le ministère que j'ai reçu du Seigneur Jésus… » (Actes 20.24)

1. « …de gagner la médaille d'or. »
2. « …d'annoncer la bonne nouvelle de la grâce de Dieu. »
3. « …malgré que la tâche est très difficile. »
4. « …et de vivre une vie d'éternité au ciel. »

Actes 21.27—22.3, 17-29

C'est mon histoire

LE COMMENTAIRE BIBLIQUE

Le tribun s'est précipité pour éviter une émeute. Il a donné l'ordre à ses soldats d'arrêter Paul et de le lier avec deux chaînes. Il a fait cela pour la sécurité de Paul. C'était la troisième fois que les autorités sont venues à l'aide de Paul : d'abord, au chapitre 18.12-17 et ensuite, au chapitre 19.23-41. Ces cas ont servi pour préserver et répandre l'évangile de l'avant.

Paul a demandé au tribun la permission de parler au peuple. Avec son consentement, il s'est adressé à la foule pour expliquer ses actions. Paul les a appelés « hommes frères et pères » en langue hébraïque. Entendant ce message familier, ils ont écouté plus attentivement. Paul a témoigné de sa famille, sa tradition, et son héritage. Il s'est identifié en tant que Juif. Il a démontré qu'il était instruit dans la connaissance de la loi et des coutumes juives.

En toute évidence, il n'a pas rejeté leurs préoccupations comme insigifiants. Il a cherché à établir une connexion avec eux en fonction de leur langue maternelle, leur éducation commune, et le fait que, comme eux, il était un fanatique religieux. Paul comprenait leur comportement zélé, car il a également persécuté les chrétiens avant sa conversion. La distinction qu'il a faite, était qu'ils étaient fanatiques de la loi, et il était maintenant un fanatique de Dieu. Il a essayé de leur expliquer que quand il est devenu un disciple de Christ, il n'a pas abandonné le judaïsme.

Sa nouvelle foi l'a amenée à suivre le Dieu du judaïsme, comme celui qui s'adresse aussi aux païens. Une fois de plus, Paul défend ses actions. L'extension de la grâce de Dieu aux païens n'est pas son idée, mais celle de Dieu. Cette explication n'a pas apaisé la foule. Au contraire, ils étaient consternés de voir que Paul pouvait prétendre que cela était l'initiative de Dieu.

La foule voulait lyncher Paul, donc ils ont essayé de prouver qu'il avait commis le péché du blasphème, c'est parler de la façon inappropriée au sujet de Dieu. Dans leur façon de penser, il était impossible de considérer que Dieu n'est pas favorable à Israël d'une manière exclusive. La prédication et les actions de Paul, s'ils étaient vraiment de Dieu, ne devraient pas détruire leur compréhension de Dieu et leur relation avec lui. Ils étaient en colère contre Paul, mais s'il disait la vérité, ils devraient, au contraire, être en colère contre Dieu. Cette situation était inacceptable pour eux. La seule autre option était de reconnaître que Dieu accepte les païens et de se soumettre à sa volonté.

Le tribun a donné l'ordre à ses soldats de fouetter Paul. Il a été surpris quand Paul s'est identifié comme citoyen romain. Il était illégal de battre de verges un citoyen romain qui n'est pas condamné. Selon la loi romaine, tous les citoyens romains étaient exclus de tout type de formes de châtiments dégradants tels que la flagellation et la crucifixion.

Paul nous a montré que témoigner n'est pas compliqué. Nous partageons notre histoire de ce que nous étions avant que Dieu nous a sauvés. Ensuite, nous pouvons faire connaître la différence que Dieu a faite dans nos vies. Dieu a donné à Paul le courage de partager son histoire du salut. Malgré le fait que la foule a rejeté le message de Paul, Dieu l'a équipé de courage pour dire et enseigner ce qu'il fallait dire. Dieu va faire de même pour nous, pendant que nous partageons notre histoire avec les autres.

LES PAROLES DE NOTRE FOI

Fouetter c'est d'être battu sévèrement avec un fouet. Le fouet était en cuir avec des métaux fixés aux extrémités.

Un zélote était une personne membre d'un groupe patriotique des Juifs en Judée à l'époque de l'Église primitive. Les fanatiques voulaient renverser la domination romaine. Ils ont fortement et violemment résisté le gouvernement romain.

Témoigner c'est de parler au sujet de quelque chose. Les gens qui croient en Jésus parlent de lui aux autres, comment il est le fils de Dieu et veut être notre Sauveur. Un témoignage, c'est quand les chrétiens parlent de leurs expériences avec Dieu.

L'ACTIVITÉ

Vous aurez besoin de ces articles pour cette activité :

- Du papier pour chaque enfant
- Un crayon à papier pour chaque enfant
- Un tableau noir et de la craie ou un tableau avec des marqueurs

Avant la classe, écrivez une biographie brève de votre vie. Indiquez votre date de naissance, votre famille, les lieux où vous avez habités, êtes allés à l'école, et au travail. Si vous en avez une, apportez l'une de vos photos d'enfance pour partager avec la classe. Écrivez au sujet de votre expérience de l'église, aussi bien que l'âge où vous avez commencé à aller à l'église, votre conversion, et vos étapes spirituelles.

Écrivez sur le tableau noir des sujets : naissiance, lieux où vous avez habités, famille, école, travail et loisirs, et église. Dans la classe, dites : **Une biographie est l'histoire de la** vie de quelqu'un. Elle contient les informations énumérées sur le tableau et peut aussi avoir des autres sujets. **Voici une brève biographie sur moi.** Lisez la vôtre.

Si le temps le permet, laissez les enfants écrire des informations sur chacun des sujets sur le tableau. Si le temps est court, demandez à des volontaires de se mettre debout et de parler brièvement de chacun des sujets.

Dites : **Dans cette étude, nous voyons que Paul a eu l'occasion de témoigner aux autres. Il a rendu témoignage de sa vie et son histoire spirituelle. Il a dit comment il est devenu un disciple de Jésus. Vous pouvez témoigner aux autres quand vous leur racontez votre histoire et votre amour pour Jésus.**

LA LEÇON BIBLIQUE

Préparez une histoire de la Bible basée sur les versets bibliques de la leçon. Une version simple à lire du passage biblique est inclut à la fin de ce livre aux pages 131-159. Les enfants comprennent mieux la leçon si vous la leur raconter au lieu de la lire.

Après l'histoire, encouragez les enfants à répondre aux questions suivantes. Il n'y a pas de bonnes ou de mauvaises réponses. Ces questions vont aider les enfants à comprendre l'histoire et à l'appliquer à leurs vies.

1. **Les Juifs de l'Asie ont répandu des mensonges au sujet de Paul et de ce qu'il a enseigné. N'avez-vous jamais entendu quelqu'un dire que ce que vous connaissiez était faux ? Q'avez-vous fait à ce sujet ? Est-ce que cela est juste de répandre ces mensonges ? Pourquoi ou pourquoi pas ?**

2. **Quand la foule est devenue violente et a crié : « Il n'est pas digne de vivre ! » Comment pensez-vous que Paul s'est ressenti ? Pensez-vous que Dieu était avec Paul à ce moment ? Expliquez votre réponse.**

3. **Pourquoi pensez-vous que Paul voulait parler à la foule et leur dire son histoire ?**

4. **Comment Paul était-il le même que les autres Juifs dans l'histoire ? Comment était-il différent ? Pourquoi est-ce important ?**

Dites : **Avez-vous déjà été nerveux au sujet de parler à quelqu'un ? Qu'en est-il devant un groupe ? Ces situations peuvent nous rendre nerveux parce que nous sentons que nous ne savons pas quoi dire ou faire. Parfois, parler aux autres au sujet de l'évangile est comme ça. Mais Dieu va nous enseigner. Il va vous montrer ce qu'il faut faire ou dire à quelqu'un, à qui il vous a demandé de parler de lui. Dieu veut simplement que nous soyons obéissants, à parler aux gens au sujet de l'évangile. Il va s'occuper de tout le reste des détails. Tout ce que nous avons à faire, est d'être obéissants à faire ce qu'il demande.**

LE VERSET À RETENIR

Pratiquez le verset à retenir de l'étude. Vous trouverez des suggestions pour les activités des versets à retenir aux pages 127-128.

LES ACTIVITÉS SUPPLÉMENTAIRES

Choisissez parmi ces options pour améliorer l'étude biblique des enfants.

1. Vous aurez besoin d'un sac de graines ou de petites pierres. Préparez plusieurs feuilles de papier. Écrivez l'un de ces mots sur chaque feuille : famille, ami, et voisin. Pliez les papiers au milieu, et au hasard, placez-les sur le sol autour de la salle.

Demandez à quelqu'un d'être volontaire. Donnez-lui le sac et laissez-le lancer les graines ou pierres en l'air pour essayer de retomber sur les papiers. S'ils retombent sur un papier, prenez-le et lisez le mot sur ce papier. Demandez à l'enfant de nommer quelqu'un dans cette catégorie à qui il/elle peut parler au sujet de Jésus. Continuez jusqu'à ce que chaque enfant participe ou que le temps soit écoulé.

Dites : **Paul a constamment parlé de Jésus. Partout où il est allé, quelquesoit qui il a vu, il a raconté son histoire et son amour pour Jésus. Vous pouvez faire de même.**

2. Dites : **Paul a demandé au tribun de le laisser parler à une foule, en colère, à Jérusalem.** Demandez aux enfants de discuter sur la raison pourquoi Paul voulait parler à la foule pour entendre la version de son histoire. Avait-il besoin de déclarer son innocence ? Demandez des questions de ce genre : Avait t-il besoin de préserver sa réputation ? Comment a t-il calmé la foule ? Est-ce que cela était une autre occasion de dire à une grande foule l'histoire de sa conversion et son appel ?

QUESTIONS À CHOIX MULTIPLES POUR LE NIVEAU DE BASE

Pour préparer les enfants à ce concours, lisez Actes 21.27—22.3, 17-29.

1 **Qui, les Juifs ont-ils cru que Paul avait introduit dans le temple ? (21.29)**
1. Pierre
2. Corneille
3. **Trophime**

2 **Que s'est-il passé immédiatement après que les Juifs aient traîné Paul hors du temple ? (21.30)**
1. Ils l'ont tué.
2. Paul a repris de la force.
3. **Les portes ont été fermées.**

3 **À Jérusalem, qu'a fait le peuple quand il vit le tribun et ses soldats ? (21.32)**
1. Ils se sont éparpillés.
2. **Ils ont cessé de frapper Paul.**
3. Les réponses ci-dessus sont correctes.

4 **À Jérusalem, qui a saisi Paul, et a ordonné de le faire lié de deux chaînes ? (21.33)**
1. **Le tribun**
2. Le peuple
3. Les officiers à Jérusalem

5 **Pourquoi les soldats ont-ils porté Paul dans la forteresse ? (21.35)**
1. Parce qu'il ne pouvait pas marcher.
2. Parce que Jacques a essayé d'empêcher Paul de partir.
3. **Parce que la foule était trop violente.**

6 **En quelle langue, Paul a-t-il parlé à la foule à Jérusalem ? (21.40)**
1. **En hébraïque**
2. En grecque
3. En hébreu

7 **Qu'ont fait les hommes quand ils ont entendu Paul parler en langue hébraïque ? (22.2)**
1. Ils ont provoqué une émeute.
2. **Ils ont redoublé de silence.**
3. Ils ont immédiatement cru en Jésus-Christ

8 **Où le Seigneur a-t-il dit qu'il enverrait Paul ? (22.21)**
1. Aux gens de Jérusalem
2. À un lieu inconnu
3. **Au loin vers les nations**

9 **Qu'a dit Paul quand le tribun lui a demandé s'il était un citoyen romain ? (22.27-28)**
1. **« Oui, je l'ai par ma naissance. »**
2. « Non, je plaisantais. »
3. « Je suis un citoyen du royaume de Dieu. »

10 **Complétez ce verset : «Va donc, je serai avec ta bouche, et je... » (Exode 4.12)**
1. « ...te protégerai de tout mal. »
2. « ...te donnerai une grande récompense. »
3. **« ...t'enseignerai ce que tu auras à dire. »**

QUESTIONS À CHOIX MULTIPLES POUR LE NIVEAU AVANCÉ

Pour préparer les enfants à ce concours, lisez Actes 21.27—22.3, 17-29

1 Que s'est-il passé quand les hommes ont essayé de tuer Paul ? (21.31)

1. Les Grecs ont envahi le temple.

2. Le bruit est venu au tribun.

3. Paul est allé au ciel.

4. Tous les Juifs l'ont saisi.

2 Qu'a ordonné le tribun ? (21.33)

1. Il a ordonné que Paul soit lié de deux chaînes.

2. Il a ordonné à ses soldats d'exécuter Paul.

3. Il a ordonné que Paul reçoive un procès équitable.

4. Il a ordonné à ses soldats de se défendre eux-mêmes.

3 Pourquoi le tribun a-t-il ordonné que Paul soit porté dans la forteresse ? (21.34)

1. Parce que Paul était rebelle

2. Parce que la foule l'aimait et voulait qu'il reste dans leur ville

3. Parce qu'il ne pouvait rien apprendre de certain, à cause du tumulte

4. Toutes les réponses sont correctes.

4 Qui, le tribun pensait-il que Paul était ? (21.38)

1. Un faux prophète

2. Un prisonnier évadé

3. Une personne très dangereuse

4. Un égyptien qui s'est révolté dernièrement

5 Que s'est-il passé quand les hommes ont entendu Paul leur parler en langue hébraïque ? (22.2)

1. Ils ont redoublé de silence.

2. Ils ont été outragés.

3. Le Saint-Esprit est tombé sur eux.

4. Le tribun l'a empêché de parler.

6 Qu'est-il arrivé à Paul quand il priait dans le temple à Jérusalem ? (22.17-21)

1. Il était ravi en extase.

2. Le Seigneur lui a dit de sortir de Jérusalem parce que les gens ne recevront pas son message sur lui.

3. Le Seigneur lui a dit qu'il serait envoyé vers les nations.

4. Toutes les réponses ci-dessus sont correctes.

7 Qu'a fait Paul quand le sang d'Étienne a été répandu ? (22.20)

1. Il a essayé d'arrêter ceux qui cherchaient à le tuer.

2. Il a tourné son visage pour ne pas regarder.

3. Il était debout là donnant son approbation

4. Il n'a rien fait.

8 Qu'a demandé Paul si c'était légal de faire ? (22.25)

1. De fouetter de verges un citoyen romain qui n'est même pas condamné

2. D'arrêter quelqu'un sans preuves de l'infraction

3. De tuer quelqu'un sans préavis à la famille

4. De fouetter de verges sans un procès équitable

9 Quelle était la réponse de Paul quand le tribun lui a demandé : « Es-tu Romain ? » (22.27)

1. « Non, je ne le suis pas. »

2. « J'étais de naissance un citoyen romain, mais je ne le suis plus. »

3. « Oui, je le suis. »

4. « Je ne vais pas vous le dire. »

10 À Jérusalem, pourquoi le tribun était-il dans la crainte ? (22.29)

1. Parce que Paul était malade en prison

2. Parce que Paul s'était échappé de prison

3. Parce qu'il ne savait pas quoi faire de Paul

4. Parce qu'il avait lié un citoyen romain avec des chaînes

Lui de qui nous espérons qu'il nous délivrera encore. (2 Corinthiens 1.10*b*)

LA VÉRITÉ BIBLIQUE

Dieu prend soin de nous et nous délivre.

LE CONSEIL PÉDAGOGIQUE

• Le white spirit est un liquide pour peintures à base de pétrole brut. Dans Matthieu, Jésus a comparé les Pharisiens avec des tombes blanchies. Un mur blanchi au pétrole est une bonne chose, mais en dessous ne serait pas propre.

• Rappelez aux enfants qu'ils doivent se confier à un adulte si une personne se blesse, fait quelque chose qui blesse quelqu'un, ou menace de blesser quelqu'un. Se confier est la bonne chose à faire pour protéger les autres.

Actes 22.30—23.24, 31-35

Une imprécation meurtrière

LE COMMENTAIRE BIBLIQUE

Paul est en difficultés de nouveau, et Dieu le délivre. Le tribun à Jérusalem s'est arrangé pour rassembler le Sanhédrin pour savoir pourquoi les Juifs se sont opposés à la prédication de Paul. Paul a dit clairement qu'il était obéissant à Dieu en prêchant la résurrection des morts. Dans la colère, le souverain sacrificateur a ordonné à ceux qui se trouvaient près de Paul de le frapper. Cela a donné à Paul l'occasion de partager sa connaissance de la loi. Puis, il a révélé son status en tant que pharisien, et sa croyance en la résurrection.

Les pharisiens et sadducéens étaient des rivaux politiques et religieux. Les sadducéens ne croyaient pas à la résurrection, des anges ou des esprits. Cependant, les pharisiens y croyaient. Ces deux groupes recherchaient l'attention du peuple juif. Ils étaient plutôt intéressés sur leur position d'avoir raison que de recevoir l'approbation de Dieu. Cela a fonctionné à l'avantage de Paul puisque la dispute violente a amenée le tribun à retourner Paul en sécurité dans la forteresse.

La nuit suivante, le Seigneur a visité Paul. Il lui a dit d'être courageux. Paul devait aller à Rome, la capitale de l'Empire, pour témoigner au sujet de Jésus. Il était encouragé et s'est rappelé que Dieu est souverain, même dans les circonstances chaotiques.

À Jérusalem, la vie de Paul était toujours en danger. Son neveu est venu révéler un complot aux officiers romains. Quelques Juifs ont plannifié de tuer Paul. Le tribun a écouté le neveu de Paul. Depuis qu'il croyait que Paul était innocent, il est allé à d'importantes mesures pour assurer sa sécurité. La vie de Paul a été épargnée et il était capable de continuer de répandre l'évangile.

LES PAROLES DE NOTRE FOI

Souverain veut dire avoir le pouvoir de se prononcer sans aucunes limites. Dieu est souverain. Son pouvoir de se prononcer n'est pas limité en aucunes façons, excepté quand il se limite lui-même.

L'ACTIVITÉ

Vous aurez besoin de ces articles pour cette activité :

- Des morceaux de papier

- Des stylos

- Un tableau noir et de la craie ou un tableau avec des marqueurs

Avant la classe, écrivez une des deux parties des mots qui font la paire sur des morceaux de papier séparés :

- Jonah / Un grand poisson

- Les Israélites / La Mer Rouge

- Les trois hébreux / La fournaise ardente

- David / Goliath

- Elie / Les prophètes de Baal au Mont Carmel

- Joseph / La prison

Si les enfants ne sont pas familiers avec ces histoires, choisissez-en d'autres qui se réfèrent aux gens fidèles dans les situations difficiles.

Écrivez le verset à retenir sur le tableau (2 Corinthiens 1.10*b*).

En classe, dites : **La Bible parle de nombreuses personnes que Dieu a sauvées de situations difficiles.** Distribuez les morceaux de papier avec les caractères bibliques et leurs situations difficiles. Demandez aux enfants de trouver une personne qui a un morceau de

papier qui fait la paire des mots qu'ils ont. Quand ils trouvent leur partenaire, faites-les lire ensemble les paroles de 2 Corinthiens 1.10*b*.

Dites : **Dieu veille toujours sur nous aujourd'hui. Il nous aide quand nous passons par des situations difficiles. Nous pouvons prier et lui demander son assistance.** Demandez aux enfants s'ils sont conscients des gens dans les situations difficiles. Il se peut que l'un des enfants ou l'une des familles passent par une maladie ou une tragédie.

LA LEÇON BIBLIQUE

Préparez une histoire de la Bible basée sur les versets bibliques de la leçon. Une version simple à lire du passage biblique est inclut à la fin de ce livre aux pages 131-159. Les enfants comprennent mieux la leçon si vous la leur raconter au lieu de la lire.

Après l'histoire, encouragez les enfants à répondre aux questions suivantes. Il n'y a pas de bonnes ou de mauvaises réponses. Ces questions vont aider les enfants à comprendre l'histoire et à l'appliquer à leurs vies.

1. **Comment pensez-vous que Paul s'est ressenti alors qu'il s'est trouvé devant le sanhédrin ? Comment a-t-il répondu à l'ordre du souverain sacrificateur, vis-à-vis de ceux qui à proximité l'ont frappé ?**

2. **Le Seigneur a encouragé Paul à lui faire confiance. Comment pouvons-nous avoir confiance en Dieu quand il semble que les choses vont mal ?**

3. **Pourquoi pensez-vous que les Juifs étaient en colère avec Paul car ils**

ont fait des imprécations pour le tuer ?

4. **Comment vous seriez-vous ressenti si vous étiez le neveu de Paul et aviez entendu le complot pour le tuer ? Qu'auriez-vous fait ?**

5. **Y a-t-il un moment où vous avez dit à quelqu'un, quelque chose que vous avez vue ou entendue, comme le neveu de Paul a fait ?**

Dites : **Le neveu de Paul a entendu un plan assez effrayant venant de quelques Juifs qui voulaient tuer Paul. Il se trouvait au bon endroit et au bon moment. Il a été voir Paul pour lui dire ce qu'il a entendu et Paul lui a dit à qui d'autre le dire. Le tribun s'est assuré que Paul soit transféré à Césarée sans aucun mal. Dieu a pris soin de Paul et l'a délivré dans un moment de nécessité. Dieu fait de même pour nous.**

LE VERSET À RETENIR

Pratiquez le verset à retenir de l'étude. Vous trouverez des suggestions pour les activités des versets à retenir aux pages 127-128.

LES ACTIVITÉS SUPPLÉMENTAIRES

Choisissez parmi ces options pour améliorer l'étude biblique des enfants.

1. Dites : **Le neveu de Paul a sauvé sa vie en racontant au tribun le complot diabolique. C'était important pour le neveu de dire ce qu'il a entendu. Parfois, les enfants jasent sur** leur frère ou sœur ou un autre enfant dans le but de leur causer des ennuis. Souvent, c'est quelque chose d'insignifiant, mais cela va causer un adulte de punir l'autre enfant. Demandez aux enfants de discuter quand c'est important de dire à un adulte ce qu'ils voient ou entendent. Écrivez ces idées sur le tableau. Par exemple : quand un enfant se blesse ou blesse les autres ; quand un enfant menace un autre enfant ou une personne ; quand un enfant dit qu'il va se suicider ; quand un enfant vole quelque chose ; quand un enfant est impliqué avec des drogues illicites ou l'alcool.

Dites : **C'était important pour le neveu de Paul de dire ce qu'il a entendu. Il a sauvé la vie de son oncle.**

2. Parlez de plusieurs expériences de la vie qui effraient les enfants. Par exemple : être perdu ; être seul dans une tempête ; un désastre naturel ; être malade avec une forte fièvre ; la mort d'un membre de la famille ; des arguments entre les membres de la famille. Fournissez des matériaux pour les enfants afin d'illustrer une expérience qui les a fait peur. Demandez à des volontaires de dire ce qu'ils ont dessiné. Clôturez la session avec la prière. Demandez aux enfants de lever les papiers vers Dieu et de lui dire qu'ils ont confiance en lui pour les aider dans ces situations. Récitez 2 Corinthiens 1.10b avec les enfants.

QUESTIONS À CHOIX MULTIPLES POUR LE NIVEAU DE BASE

Pour préparer les enfants à ce concours, lisez Actes 22.30—23.24, 31-35.

1 Qu'a ordonné Ananias, le souverain sacrificateur à ceux qui étaient près de Paul de faire ? (23.2)

1. De fouetter Paul derrière
2. **De le frapper sur la bouche**
3. De tuer Paul

2 Qu'a dit Paul après qu'il ait insulté le souverain sacrificateur ? (23.4-5)

1. « Je ne savais pas que ce fût le souverain sacrificateur. »
2. « Car il est écrit : Tu ne parleras pas mal du chef de ton peuple. »
3. **Les réponses ci-dessus sont correctes.**

3 Que s'est-il passé après que Paul ait dit qu'il était en procès à cause de son espérance en la résurrection des morts ? (23.6-7)

1. Il a été libéré.
2. **Il s'est élevé une discussion entre les Pharisiens et Sadducéens.**
3. Paul a été mis en prison pour la vie.

4 De quoi le tribun avait-il peur pour Paul, sur ce qui pouvait se passer, parce que la discorde était devenue si croissante parmi le sanhédrin ? (23.10)

1. **Paul allait être mis en pièces par ces gens.**
2. Paul allait s'échapper dans la foule.
3. Les réponses ci-dessus sont correctes.

5 À Jérusalem, qui s'est tenu près de Paul et l'a encouragé ? (23.11)

1. Le tribun
2. Les disciples
3. **Le Seigneur**

6 Quels sont ceux qui ont formés un complot et se sont liés par des imprécations contre eux-mêmes en s'abstenant de manger ou de boire jusqu'à ce qu'ils aient tué Paul ? (23.12)

1. Les disciples
2. **Quelques Juifs à Jérusalem**
3. Les réponses ci-dessus sont correctes

7 À quel moment les Juifs ont-ils plannifié de tuer Paul à Jérusalem ? (23.15)

1. Quand il était mis en prison
2. **Pendant qu'il était amené au sanhédrin**
3. Quand Paul était sur le bateau vers Rome

8 Qui a pris connaissance du complot pour tuer Paul ? (23.16)

1. La sœur de Paul
2. Le beau-frère de Paul
3. **Le fils de la sœur de Paul**

9 Pourquoi le tribun a ordonné un détachement de deux cents soldats, soixante-dix cavaliers, et deux cents archers, pour aller à Césarée ? (23.23-24)

1. Pour lutter contre les Juifs
2. **Pour mener Paul sain et sauf au gouverneur Félix**
3. Pour assister les Juifs de tuer Paul

10 Où allait t-on gardé Paul à Césarée ? (23.35)

1. Dans la prison
2. **Dans le prétoire d'Hérode**
3. Les réponses ci-dessus sont correctes

QUESTIONS À CHOIX MULTIPLES POUR LE NIVEAU AVANCÉ

Pour préparer les enfants à ce concours, lisez Actes 22.30—23.24, 31-35.

1 **Le lendemain, après que Paul fût arrêté, qu'a fait le tribun ? (22.30)**

1. Il voulait savoir avec certitude de quoi les Juifs l'accusaient.

2. Il a fait ôter les liens de Paul.

3. Il a donné l'ordre aux principaux sacrificateurs et à tout le sanhédrin de se réunir.

4. **Toutes les réponses ci-dessus sont correctes.**

2 **De quoi Paul a-t-il traité Ananias, le souverain sacrificateur ? (23.3)**

1. Un homme méchant

2. **Une muraille blanchie**

3. Un homme saint

4. Une personne gracieuse

3 **Qu'a dit Paul au souverain sacrificateur, Ananias, lorsque qu'il a ordonné qu'on le frappe ? (23.3)**

1. Tu as commis un grand péché.

2. Tu as heurté mes sentiments.

3. **Tu as violé la loi.**

4. Toutes les réponses ci-dessus sont correctes.

4 **Pourquoi une discussion s'est-elle élevée entre les Pharisiens et Sadducéens ? (23.7-8)**

1. Les Sadducéens disent qu'il n'y a point de résurrection.

2. Les Sadducéens disent qu'il n'existe ni anges ni esprits.

3. Les Pharisiens affirment la résurrection, les anges et les esprits.

4. **Toutes les réponses ci-dessus sont correctes.**

5 **Dans une vision, à Jérusalem, où le Seigneur a-t-il dit à Paul qu'il irait témoigner ? (23.11)**

1. **Dans Rome**

2. Dans la Samarie

3. Dans la Judée

4. Dans l'Asie

6 **En quoi étaient impliqués plus de quarante hommes ? (23.12-13)**

1. Un complot

2. Des imprécations de ne pas manger ou boire

3. Un complot pour tuer Paul

4. **Toutes les réponses ci-dessus sont correctes**

7 **Qu'a fait le fils de la sœur de Paul quand il a pris connaissance du complot pour tuer Paul ? (23.16)**

1. Il l'a gardé en secret.

2. Il a formé une armée pour se battre contre les Juifs.

3. **Il est allé dans la forteresse pour informer Paul.**

4. Il a prié pour la protection de Dieu.

8 **À qui, le tribun a-t-il ordonné d'aller à Césarée, dès la troisième heure de la nuit, quand il a pris connaissance du complot ? (23.23)**

1. Deux cents soldats

2. Soixante-dix cavaliers

3. Deux cents archers

4. **Toutes les réponses ci-dessus sont correctes.**

9 **Où Paul était-il gardé sous surveillance à Césarée ? (23.35)**

1. Dans la maison du gouverneur

2. En prison

3. **Dans le prétoire d'Hérode**

4. Dans les rues

10 **Selon 2 Corinthiens 1.10b, qu'a dit Paul que Dieu continuerait de faire ? (2 Corinthiens 1.10b)**

1. Dieu va continuer d'appeler des apôtres pour le servir.

2. Dieu va nous servir.

3. **Dieu va continuer de nous délivrer.**

4. Dieu nous trouvera quand nous avons le plus besoin de lui.

Le témoignage vivant de Paul

LE COMMENTAIRE BIBLIQUE

Festus était un gouverneur Romain de la Judée. Il administrait la loi Romaine. Il venait juste d'arriver, donc il a demandé l'assistance du roi Agrippa et de Bérénice, la sœur d'Agrippa, pour l'aider à solidifier son rapport à César à propos de Paul. Festus espérait se décharger de toute responsabilité en faisant appel à Agrippa.

Le témoignage de Paul à Agrippa a inclut la déclaration de Jésus (sur la route de Damas) : « Il te serait dur de régimber contre les aiguillons » (26.14b). Les bergers utilisaient des bâtons avec des points éguisés appelés aiguillons qui incitaient le bétail à aller dans la bonne direction. Ainsi, le proverbe que Paul a cité se référait à une résistance futile. En fait, un animal qui résistait au berger finissait par se blesser. Avant sa conversion, Paul s'est battu contre Dieu. Il a reconnu qu'il était de son détriment de résister à Dieu. Il a changé son esprit et a commencé à servir Jésus plutôt que de le persécuter.

L'interruption de Festus au speech de Paul dans le chapitre 26.24 a servi actuellement de souligner le dernier point de Paul : la résurrection de Jésus. C'est l'espérance en la résurrection qui a inspirée Paul à prêcher la bonne nouvelle aux païens, ce qui a abouti à bouleverser la tradition juive déjà établie. Festus a pensé que la croyance de Paul en la résurrection était une folie.

Agrippa a noté que les conflits de Paul avec les Juifs étaient religieux en nature, et séparés des questions juridiques de Rome. Paul a choisi de faire appel de son cas à l'empereur Romain. Sinon, Agrippa et Festus auraient pu le libérer.

Le voyage de Paul était presque terminé. Il a commencé à Jérusalem, puis il a répandu l'évangile partout dans la province de Judée. Il a déclaré l'histoire de Jésus ressuscité aux rois et empereurs le long du chemin. Finalement, il est allé à Rome, le centre du monde antique, et puis au loin vers les nations.

LES PAROLES DE NOTRE FOI

La Judée était la patrie des Israélites. Peu de temps avant l'époque de Jésus, elle a été conquise par les Romains et est devenue une partie de leur empire.

L'ACTIVITÉ

Vous aurez besoin de ces articles pour cette activité :

- Un tableau noir et de la craie ou un tableau avec des marqueurs

Avant la classe, écrivez les paroles d'Actes 4.20 sur le tableau. De même, ajoutez cette phrase : « Je vais à Rome et prendrai avec moi _____. »

En classe, dites : **Dans l'étude d'aujourd'hui, Paul a parlé au roi Agrippa. Agrippa n'a pas trouvé que Paul ait commis des fautes contre les lois romaines. Cependant, Paul a déjà fait appel pour son cas à César. Alors, il va se rendre à Rome, la capitale de l'empire, pour présenter son cas.**

Allons jouer à un jeu de voyage. Pensez à quelque chose que vous voudriez prendre avec vous si vous avez prévu d'aller à une grande ville comme Rome. Chaque personne dira : « Je vais à Rome et prendrai avec moi _____.» Vous allez dire ce que vous allez prendre. Cependant, vous avez besoin d'écouter attentivement, et de vous rappelez ce que chaque personne dit qu'elle va prendre.

Lorsque chaque personne a eu son tour, demandez à un volontaire de répéter ce que tout le monde a dit. Par exemple, le volontaire pourrait dire : « Je vais à Rome, et je prendrai _____. Marie va à Rome, et elle prendra _____. Jean va à Rome, et il prendra _____. »

Une autre version de ce jeu présente plus d'un défi. La première personne dit : « Je vais à Rome, et je prendrai _____. » La deuxième personne dit (le nom de l'enfant) : « Je vais à Rome, et je prendrai _____. » La troisième personne répète les noms et objets des deux premières personnes, et puis annonce son nom et objet. La dernière personne répète les noms et objets de tout le monde. Dites : **Partout où vous allez – à Rome ou à un autre lieu – Dieu va avec vous. Partout où vous allez – Dieu veut que vous racontiez aux autres au aujet de son amour et son fils, Jésus.**

Lisez ensemble Actes 4.20.

LA LEÇON BIBLIQUE

Préparez une histoire de la Bible basée sur les versets bibliques de la leçon. Une version simple à lire du passage biblique est inclut à la fin de ce livre aux pages 131-159. Les enfants comprennent mieux la leçon si vous la leur raconter au lieu de la lire.

Après l'histoire, encouragez les enfants à répondre aux questions suivantes. Il n'y a pas de bonnes ou de mauvaises réponses. Ces questions vont aider les enfants à comprendre l'histoire et à l'appliquer à leurs vies.

1. **Comment pensez-vous que Paul s'est ressenti quand il a entendu Festus dire au roi qu'il avait besoin d'aide, alors qu'il ne voyait aucune raison de l'accuser d'un crime ?**

2. **Pourquoi pensez-vous que Paul voulait dire son histoire au roi Agrippa ?**

3. **Quand Paul a témoigné au roi Agrippa, il a fait remarquer le changement qui a eu lieu dans a vie après sa rencontre avec Jésus. Si vous êtes un chrétien, quelles sont les choses qui sont différentes au sujet de votre vie maintenant comparées à celles avant que vous rencontriez Christ ?**

4. **Paul a dit au roi Agrippa comment devenir un croyant. Si vous aviez à dire à quelqu'un comment devenir un chrétien, que diriez-vous ?**

Dites : **Paul s'est tenu debout devant le roi Agrippa et lui a raconté l'histoire de qui il était avant qu'il rencontre Jésus, et de qui il est devenu, après que Jésus a changé sa vie. Cela aurait pu être une mauvaise chose pour Paul. Plutôt, il savait que la partie importante de son histoire était que Dieu l'a transformé. Il voulait que tout le monde entende son histoire afin qu'eux aussi, ils puissent être transformés.**

LE VERSET À RETENIR

Pratiquez le verset à retenir de l'étude. Vous trouverez des suggestions pour les activités des versets à retenir aux pages 127-128.

LES ACTIVITÉS SUPPLÉMENTAIRES

Choisissez parmi ces options pour améliorer l'étude biblique des enfants.

1. Dites : **Transformer quelque chose, c'est de le rendre différent. Dieu transforme une personne quand elle devient une chrétienne. Cette transformation ne se produit pas instantanément. Cela arrive alors que la personne apprend à partir de la parole de Dieu, prie à Dieu pour de l'aide, et écoute la direction du Saint-Esprit.**

Sur le tableau ou sur une grande feuille de papier, faites deux colonnes. Dans une colonne, faites une liste des attitudes et actions d'une personne qui n'est pas chrétienne. Dans la deuxième colonne, faites une liste des attitudes et actions d'une chrétienne qui croît. Aidez les enfants à réaliser les différences que Dieu peut effectuer dans la vie d'une personne. Dites : **Paul a fait savoir comment Dieu l'a transformé. En premier lieu, il haïssait les Chrétiens et les envoyait en prison. Puis, il est devenu chrétien. Il avait besoin de changer plusieurs de ces attitudes et actions. Plus tard, il a écrit quelques épîtres qui sont devenues des livres de la Bible. Dans celles-ci, il dit aux chrétiens comment vivre une vie sainte.**

2. Dites : **Trois fois, les autorités romaines ont déclaré que Paul était innocent des accusations que les gens ont portés contre lui. Passons en revue, ce que ces accusations étaient, et qui les ont amenées.**

Divisez la classe en trois équipes. Attribuez à chacune d'elle l'un de ces passages : Actes 23.6-10 ; Actes 25.25-27 ; Actes 26.30-32. Demandez aux équipes de faire un rapport, qui va introduire des accusations, quelles sont les accusations, et les résultats.

QUESTIONS À CHOIX MULTIPLES POUR LE NIVEAU DE BASE

Pour préparer les enfants à ce concours, lisez Actes 25.23—26.32.

1 Qui est venu en grande pompe, et est entré dans le lieu de l'audience ? (25.23)

1. Agrippa
2. Bérénice
3. **Les réponses ci-dessus sont correctes**

2 Pourquoi Festus a-t-il fait paraître Paul devant Agrippa ? (25.26)

1. Festus était en colère contre Paul et voulait que quelqu'un d'autre le punisse.
2. **Festus voulait savoir quoi écrire à César sur son compte.**
3. Festus voulait qu'Agrippa ait foi en Jésus.

3 Pourquoi Paul s'est-il estimé heureux de se justifier devant le roi Agrippa ? (26.2-3)

1. Parce qu'Agrippa n'était pas Juif
2. **Parce qu'Agrippa connaissait parfaitement les coutumes juives**
3. Parce qu'Agrippa était riche et puissant

4 Qu'a demandé Paul au roi Agrippa de faire ? (26.3)

1. De le libérer
2. De punir les Juifs
3. **De l'écouter avec patience**

5 Qui Paul a-t-il dit l'a jeté en prison ? (26.10)

1. Ceux qui ne payaient pas leurs taxes
2. **Plusieurs des saints**
3. Le gouverneur de Jérusalem

6 Où Paul allait-il quand une lumière du ciel a resplendi autour de lui ? (26.12-13)

1. Jérusalem
2. Emmaüs
3. **Damas**

7 À qui Christ annoncerait-il la lumière ? (26.23)

1. À son peuple
2. Aux nations
3. **Les réponses ci-dessus sont correctes.**

8 Qui a dit que Paul était fou ? (26.24)

1. Agrippa
2. **Festus**
3. Bérénice

9 Qu'a dit Paul à son sujet durant son speech à Festus ? (26.25)

1. « Je ne suis point fou, très excellent Festus. »
2. « Je prononce des paroles de vérité et de bon sens. »
3. **Les réponses ci-dessus sont correctes.**

10 Avec quoi le roi Agrippa était-il instruit ? (26.25-26)

1. Avec toute la loi de Moïse.
2. **Avec tout ce que Paul disait**
3. Les réponses ci-dessus sont correctes

QUESTIONS À CHOIX MULTIPLES POUR LE NIVEAU AVANCÉ

Pour préparer les enfants à ce concours, lisez Actes 25.23—26.32.

1 De quelle manière Agrippa et Bérénice sont-ils entrés dans le lieu de l'audience ? (25.23)

1. Ils sont entrés en grande pompe.

2. Ils sont entrés avec les tribuns

3. Ils sont entrés avec les principaux de la ville

4. **Toutes les réponses ci-dessus sont correctes.**

2 Pourquoi Festus a-t-il décidé d'envoyer Paul à Rome ? (25.25)

1. Parce que Paul méritait d'être exécuté

2. **Parce que Paul a fait appel à l'empereur**

3. Parce que Félix lui a dit de l'envoyer là

4. Parce que Paul a offensé Festus

3 Qui a donné la permission à Paul de parler pour sa défense ? (26.1)

1. Festus

2. Le tribun

3. **Agrippa**

4. Toutes les réponses ci-dessus sont correctes

4 Pourquoi Paul a-t-il dit qu'il est mis en jugement ? (26.6)

1. Parce que les Juifs le haïssaient

2. **Parce que son espérance était accomplie en la promesse que Dieu a faite à ses pères**

3. Parce qu'il a prêché aux païens

4. Parce que Festus ne pouvait pas décider de son sort

5 Qu'a vu Paul sur la route de Damas ? (26.13)

1. Un ange du Seigneur

2. Rien

3. Un mendiant estropié

4. **Une lumière venant du ciel**

6 Qu'a fait Paul avant qu'il ait vu Jésus sur la route de Damas ? (26.9-10)

1. **Il a agi vigoureusement contre le nom de Jésus.**

2. Il a supporté l'église en tout ce qu'elle faisait.

3. Il a travaillé comme collecteur d'impots.

4. Il a élevé ses enfants.

7 Quels messages Paul a-t-il prêché à Damas, à Jérusalem, et dans toute la Judée ? (26.19-20)

1. La repentance

2. La conversion

3. Et la pratique d'œuvres dignes de la repentance

4. **Toutes les réponses ci-dessus sont correctes**

8 Qu'a dit Festus sur ce qui a conduit Paul à la folie ? (26.24)

1. **Son grand savoir**

2. Ses enseignements incroyables

3. Sa sentence en prison

4. Sa foi inébranlable

9 Qu'a dit Agrippa à Festus ? (26.32)

1. **« Cet homme pouvait être relâché, s'il n'en eût pas appelé à César. »**

2. « Il n'aurait pas dû prêcher aux païens. »

3. « Il a violé la loi et doit être puni. »

4. « Il est sûrement un ange, et pas un homme. »

10 Qu'ont dit Pierre et Jean, quand on leur a défendu de parler ou d'enseigner à qui que ce soit au nom de Jésus ? (Actes 4.20)

1. **« Car nous ne pouvons ne pas parler de ce que nous avons vu et entendu. »**

2. « Vous ne pouvez pas juger les autres. »

3. « Ne nous menacez pas ! »

4. Toutes les réponses ci-dessus sont correctes.

Actes Actes 27.1-2, 9-26, 33-44

La foi pendant la tempête

LE COMMENTAIRE BIBLIQUE

L'histoire de la traversée en mer de Paul est semblable à beaucoup d'autres dans la littérature grecque. C'est le résultat de l'obéissance et la soumission, l'opposé du voyage de Jonas dans l'Ancien Testament. La désobéissance de Jonas a menacé les vies de ceux qui se trouvaient sur le navire. L'obéissance de Paul a sauvé les vies de ses compagnons.

Les forces naturelles, au-delà du contrôle des marins, ont endommagé le navire. Il n'y avait pas d'orientation de la navigation à partir des étoiles ou du soleil, car ils étaient bloqués par la tempête. Les marins qualifiés ont essayé au moins quatre méthodes pour sauvegarder le navire. Tout d'abord, ils ont obtenu l'embarcation de sauvetage. Deuxièmement, ils ont fait passer des cordes sous le navire pour le maintenir ensemble. Puis, ils ont baissé l'ancre. Finalement, ils ont jeté une cargaison par-dessus bord. Malgré ces mesures, la tempête a continué à battre le navire. Les marins ont perdu l'espérance.

Paul a encouragé ces compagnons en partageant le message de l'ange, qu'aucun d'entre eux ne serait perdu. Il a demontré une grande foi quand il a proclamé la prophétie de l'ange à l'équipage. Il a apporté des encouragements à ses compagnons, durant la fureur de la tempête. C'est encourageant de savoir que Dieu est capable de nous amener la paix quand nous faisons l'expérience du chaos dans notre vie.

LES PAROLES DE NOTRE FOI

Un ange est un messager surnaturel de Dieu.

L'ACTIVITÉ

Vous aurez besoin de ces articles pour cette activité :

- Un adulte pour raconter l'histoire du naufrage d'une façon dramatique

- Du ruban adhésif sur le sol pour faire le contour d'un grand navire

- Une source d'eau pour asperger les enfants durant la tempête

- Un ventilateur pour créér un peu de vent

Avant la classe, utilisez le ruban adhésif pour faire le contour du navire. Faites-le de la grandeur de la salle pour s'asseoir dedans. Demandez à l'adulte de raconter l'histoire du naufrage d'une façon dramatique. Demandez une aide pour être prêt à commencer le ventilateur pour créér un peu de vent dans la tempête. Demandez à une autre aide d'asperger avec de l'eau pour simuler la pluie.

En classe, dites : **Je vous invite à faire un tour dans mon navire, et voici notre capitaine.** Introduisez le volontaire. Il va demander à tous les enfants de monter à bord du navire. Il va nous redire l'histoire de Paul et du naufrage. Le premier aide va mettre en marche le ventilateur, et l'autre va asperger l'eau au moment approprié de l'histoire.

Après l'histoire, remerciez les volontaires. Dites : **Dieu voulait que Paul se rende à Rome. Dieu lui a donné l'espérance pendant la tempête. Paul, ensuite, a fait passer cette espérance aux marins. Ils ont fait tout leur possible pour sauvegarder le navire et eux-mêmes – excepté de-** mander à Dieu de l'aide. Paul a aidé les marins à connaître celui qui est la vraie source de l'espérance. Dieu a sauvé la vie de Paul ainsi que ceux qui étaient dans le navire. Dieu apporte encore aux gens d'aujourd'hui l'espérance au milieu des situations difficiles.

LA LEÇON BIBLIQUE

Préparez une histoire de la Bible basée sur les versets bibliques de la leçon. Une version simple à lire du passage biblique est inclut à la fin de ce livre aux pages 131-159. Les enfants comprennent mieux la leçon si vous la leur raconter au lieu de la lire.

Après l'histoire, encouragez les enfants à répondre aux questions suivantes. Il n'y a pas de bonnes ou de mauvaises réponses. Ces questions vont aider les enfants à comprendre l'histoire et à l'appliquer à leurs vies.

1. **Paul a compris le danger de la navigation durant cette période de l'année, et a tenté d'avertir les autres. Avez-vous jamais ressenti une mise en garde contre un danger ? Que s'est-il passé ?**

2. **Même si Paul était prisonnier, il avait de l'espérance parce qu'il avait confiance en Dieu. De quelles manières Dieu vous a-t-il aidés à travers une situation difficile ?**

3. **Un ange a apporté des encouragements à Paul. Comment Dieu vous a-t-il apporté des encouragements ? Comment avez-vous été une source d'encouragements pour les autres ?**

4. **Quelle était votre partie préférée du récit de la Bible ? Pourquoi ?**

Dites : **Paul se trouvait dans une situation difficile sur le navire, pendant une tempête dans l'océan. Mais, il espérait en Dieu, et Dieu a promis à travers un ange, que personne ne va nuire sur le navire. Paul a placé son espérance à la bonne place—Dieu.**

LE VERSET À RETENIR

Pratiquez le verset à retenir de l'étude. Vous trouverez des suggestions pour les activités des versets à retenir aux pages 127-128.

LES ACTIVITÉS SUPPLÉMENTAIRES

Choisissez parmi ces options pour améliorer l'étude biblique des enfants.

1. Apportez en classe, une grande feuille de bristol et une balle légère. Demandez à quatre enfants de tenir les quatre coins de la feuille. Laissez les autres enfants tenir la feuille sur les côtés. Les enfants vont faire un mouvement de la feuille pour créér la tempête pour le navire (la balle) au centre. Alors que les enfants bougent la feuille par des mouvements, ils doivent sauvegarder le navire, afin de ne pas naviger hors de la feuille et arriver sur le sol. Mettez l'accent sur le fait que Dieu a protégé Paul et tous ceux qui étaient à bord du navire. Bien que le navire ait fait naufrage, les gens ont survécu.

2. Utilisez cette leçon pour parler des soins de Dieu pour les hommes dans la tempête. Avant la classe, obtenez un récipient (une grande bassine) et des fruits non pelés. Une orange, une pomme, ou une banane, cela sera parfait. Remplissez le récipient avec de l'eau. Utilisez le fruit qui représente le navire, et qui va flotter normalement sur l'eau. Appuyer sur le fruit, et remarquez qu'il flotte de nouveau au-dessus de l'eau.

Dites : **Dans la tempête, les gens sur le navire ont pensé qu'ils allaient se noyer. Cependant, Dieu les a protégés. Même quand le navire a fait naufrage, tout le monde a pu nager jusqu'à la rive et a survécu.**

QUESTIONS À CHOIX MULTIPLES POUR LE NIVEAU DE BASE

Pour préparer les enfants à ce concours, lisez Actes 27.1-2, 9-26, 33-44.

1 À quel moment le navire de Paul a-t-il commencé à naviguer ? (27.9)
1. Après la Pentecôte
2. **Après le jeûne**
3. En décembre

2 Qui a fait savoir que le voyage allait être périlleux et avec beaucoup de dommages ? (27.9-11)
1. Julius
2. Le pilote et le patron du navire
3. **Paul**

3 Qu'est-ce qui s'est déchaîné sur l'île ? (27.14)

1. Un vent impétueux
2. Euraquilon
3. **Les réponses ci-dessus sont correctes**

4 Qu'ont fait les marins de crainte de tomber sur la Syrte ? (27.17)

1. Ils ont abaissé les voiles.
2. Ils ont laissé le navire être emporté par le vent.
3. **Les réponses ci-dessus sont correctes.**

5 Qu'ont jeté les marins par-dessus bord le troisième jour ? (27.19)

1. Les esclaves
2. **Les agrès du navire**
3. La nourriture

6 Quelle exhortation Paul a-t-il donnée aux hommes après qu'ils aient perdu l'espérance d'être sauvés ? (27.22)

1. **De prendre courage**
2. De faire demi-tour et de retourner chez eux
3. D'envoyer un appel de secours

7 Durant ce voyage sur le navire, en quoi Paul a-t-il eu la foi ? (27.25)

1. Que tout le monde à bord allait mourir, excepté lui
2. Que les habitants de l'île les attaqueraient
3. **Que tout allait se passer comme Dieu lui avait dit**

8 Après qu'ils aient mangé suffisament, comment les marins ont-ils allégés le navire ? (27.38)

1. **En jetant le blé à la mer**
2. En jetant les prisonniers par-dessus bord
3. En coupant et lâchant les ancres

9 Quelle vie le centenier voulait-il sauver ? (27.43)

1. Les vies de tous les marins
2. Sa propre vie
3. **La vie de Paul**

10 Qui est arrivé à terre sains et saufs ? (27.44)

1. Les marins seulement
2. Les prisonniers seulement
3. **Tout le monde**

QUESTIONS À CHOIX MULTIPLES POUR LE NIVEAU AVANCÉ

Pour préparer les enfants à ce concours, lisez Actes 27.1-2, 9-26, 33-44.

1 Qui était Julius ? (27.1)

1. Le soldat qui a escorté Paul et quelques autres prisonniers à Rome
2. Un centenier
3. Un membre de la cohorte Auguste
4. **Toutes les réponses ci-dessus sont correctes**

2 Quel conseil le centenier a-t-il suivi ? (27.11)

1. **Le conseil du pilote et du patron du navire**
2. Le conseil de la femme du centenier
3. Le conseil de Paul
4. Son propre conseil

3 **Quel était le nom du vent impétueux ?
(27.14)**

1. Un typhon

2. Euraquilon

3. Un coup de foudre

4. La grande tempête

4 **Qu'ont fait les marins avec le navire quand ils
ont été battus par la tempête ? (27.17-19)**

1. Ils ont hissé les cordes pour ceindre le navire.

2. Ils ont abaissé les voiles et laissé le navire être
    emporté par le vent.

3. Ils ont jeté la cargaison à la mer.

4. Toutes les réponses ci-dessus sont correctes.

5 **Qu'a dit l'ange de Dieu à Paul sur le navire ?
(27.23-24)**

1. « Ne crains point. »

2. « Tu vas comparaître devant César. »

3. « Dieu t'a donné tous ceux qui naviguent avec
    toi. »

4. Toutes les réponses ci-dessus sont correctes.

6 **Sur le navire qu'a fait Paul avec le pain ?
(27.35)**

**1. Il a rendu grâces à Dieu, l'a rompi, et l'a
    mangé.**

2. Il l'a jeté par-dessus bord.

3. Il n'avait pas faim.

4. Toutes les réponses ci-dessus sont correctes.

7 **Que s'est-il passé quand ils ont mis au vent la
voile d'artimon et se sont dirigés vers le
rivage ? (27.40-41)**

1. Le navire a rencontré une langue de terre et s'est
    échoué.

2. La proue s'est engagée et est restée immobile.

3. La poupe s'est brisée par la violence des vagues.

4. Toutes les réponses ci-dessus sont correctes.

8 **Qui a empêché les soldats d'exécuter le plan
pour tuer les prisonniers à bord ? (27.43)**

1. Paul

2. Le patron du navire

3. Les habitants de l'île

4. Le centenier

9 **Qu'a ordonné le centenier à certains
prisonniers ? (27.43-44)**

**1. Il a ordonné à ceux qui savaient nager de se
    jeter dans l'eau et de gagner la terre.**

2. Il a ordonné à ceux qui ne savaient pas nager de se
    lier au mât du navire.

3. Il a ordonné à certains prisonniers de s'échapper
    dans les canots de sauvetage.

4. Toutes les réponses ci-dessus sont correctes.

10 **Complétez ce verset : « Retenons
fermement la profession de notre
espérance... » (Hébreux 10.23)**

1. « ... car la vie est courte. »

2. « ... car vous ne pouvez pas mettre votre
    espérance dans les gens. »

3. « ... car celui qui a fait la promesse est fidèle. »

4. « ... car vous ne savez jamais ce qui va se passer
    demain. »

Étude 20

La fin est le commencement

LE COMMENTAIRE BIBLIQUE

Quand Paul est finalement arrivé à Rome, il a continué sa mission de prêcher l'histoire de Jésus. Il a partagé le récit de son arrestation et son procès a servi comme l'introduction de son témoignage aux leaders juifs. De même que les autres fois, il s'est adressé à un public juif, et la réaction au message de Paul était mixte.

Paul a cité Ésaïe, alors qu'il a expliqué ses expériences en partageant l'histoire de Dieu avec le peuple juif. Se référant à Ésaïe chapitre 6.9-10, Paul a rappelé l'avertissement de Dieu aux Juifs. Il les a réassurés que Dieu allait les guérir s'ils choisissaient humblement de recevoir l'invitation de voir, entendre, comprendre, et obéir à Dieu.

Paul a certainement connu la douleur, sachant que son peuple n'a pas accepté le message du salut. Toutefois, il a continué à faire confiance à Dieu et de lui obéir. En fait, les Actes se terminent par un résumé de Paul qui continue de prêcher hardiment le message de Jésus à Rome.

Tout au long de la seconde partie des Actes, nous lisons le rejet des Juifs, et l'acceptation des païens, à l'évangile. Luc ne mentionne pas dans son livre, que la mission aux Juifs, était un échec. Quelques Juifs ont accepté le message de Dieu. L'évangile est pour tous, à la fois pour les Juifs et les païens. Il y a de l'espérance pour que tous acceptent le message.

Jésus est notre espérance. Avec la puissance du Saint-Esprit, nous pouvons proclamer avec vigueur ce message au monde.

L'ACTIVITÉ

Vous aurez besoin de ces articles pour cette activité :

- Un bonbon ou un petit biscuit pour chaque enfant
- Cinq morceaux de papier
- Un marqueur

Avant la classe, achetez ou obtenez un bonbon ou un petit biscuit pour chaque enfant. Faites deux affiches : sur l'une écrivez JUIFS et sur un autre PAÏENS.

En classe, séparez les enfants en deux groupes : les Juifs et les païens. Demandez à un volontaire de chaque groupe de tenir l'affiche que vous avez faite.

Dites : **J'ai quelques bonbons (ou quelques biscuits). Devrais-je les donner aux Juifs ou aux païens ? Pourquoi ?** Laissez les enfants répondre. Dites : **Je vais en donner un à chacun d'entre vous.**

Laissez les enfants manger la friandise, et ensuite dites : **Quand Paul entrait dans une nouvelle ville, il parlait toujours premièrement aux Juifs de l'évangile. Cependant, plusieurs Juifs ont refusé de croire en Jésus. Donc, il a annoncé l'évangile aux païens. Paul s'est rendu compte que Dieu voulait que tout le monde fasse partie de son royaume. Dieu veut que vous deveniez aussi une partie de son royaume.**

Passez en revue les étapes du plan du salut. Invitez les enfants qui ne sont pas chrétiens à répondre à l'appel de Dieu au salut aujourd'hui. Priez avec ceux qui acceptent l'invitation.

Dites : **Paul a voyagé de Jérusalem vers de nombreuses villes. Quelquesoit le lieu où il est allé, il a annoncé Jésus. Il a ac-compli la parole dans Actes 1.8, en se rendant en Judée, en Samarie, et jusqu'aux extrémités de la terre. Vous pouvez raconter votre histoire partout où vous allez.**

LA LEÇON BIBLIQUE

Préparez une histoire de la Bible basée sur les versets bibliques de la leçon. Une version simple à lire du passage biblique est inclut à la fin de ce livre aux pages 131-159. Les enfants comprennent mieux la leçon si vous la leur raconter au lieu de la lire.

Après l'histoire, encouragez les enfants à répondre aux questions suivantes. Il n'y a pas de bonnes ou de mauvaises réponses. Ces questions vont aider les enfants à comprendre l'histoire et à l'appliquer à leurs vies.

1. **Comment auriez-vous réagi, si vous étiez l'un des barbares qui a vu Paul être mordu par une vipère sans être tombé malade ? Qu'auriez-vous pensé ?**

2. **Pourquoi pensez-vous que les barbares étaient si généreux avec Paul et ses compagnons quand ils étaient prêts à partir ?**

3. **Dans vos propres mots, dites ce qui s'est passé quand Paul a convoqué les principaux des Juifs. Quelle était leur réponse à son message ?**

4. **Que pensez-vous que Paul a fait quand il était à Rome ? À Combien d'églises a-t-il écrit ? L'astuce est que certaines de ces épîtres sont trouvées dans le Nouveau Testament.**

Dites : **Chaque histoire dans Actes nous raconte comment les premiers Chrétiens étaient des croyants fidèles. Dieu a bâtit son Église sur Pierre — un homme qui s'est détourné de Jésus dans un moment de besoin ; sur Paul — un homme qui haïssait et persécutait brutalement les Chrétiens, et aussi sur plusieurs autres qui étaient des pécheurs et des charpentiers de classe moyenne. Dieu a choisi ces gens pour établir son Église, parce qu'ils étaient fidèles. Avec tous leurs défauts et insuffisances, ils sont venus à Dieu et se sont donnés à lui, pour être utilisés pour ses buts. Dieu dirige le croyant fidèle. Il va vous diriger alors que vous le suivez.**

LE VERSET À RETENIR

Pratiquez le verset à retenir de l'étude. Vous trouverez des suggestions pour les activités des versets à retenir aux pages 127-128.

LES ACTIVITÉS SUPPLÉMENTAIRES

Choisissez parmi ces options pour améliorer l'étude biblique des enfants.

1. Dites : **Paul a vécu à Rome, comme prisonnier pendant deux ans. Que pensez-vous qu'il a fait pendant qu'il était prisonnier ?** Laissez les enfants répondre. **Les gens pouvaient visiter Paul pendant qu'il était prisonnier. De quoi ont-ils parlé ? Paul a aussi écrit des épîtres aux gens et églises pendant qu'il était prisonnier. Certaines de ces lettres sont devenues des épîtres de notre Bible. Allons les compter.**

   Séparez les enfants en deux équipes. Fournissez au moins une Bible pour chaque équipe. Demandez aux enfants de lire le premier verset de chacune des épîtres à partir de Romains jusqu'à Philémon. Demandez : **Combien de livres Paul a-t-il écrit ?**

2. Dites : **Dieu a utilisé des croyants fidèles pour commencer son Église. Est-ce que certains étaient de la royauté ou de l'aristocratie ? Voici une liste : Pierre, Paul, Aquilas et Priscille, Apollos, Timothée, Jean Marc, et Eutychus. Non. Ils représentaient des gens communs qui aimaient Dieu et Jésus. Qui est responsable de la croissance de l'Église ? Les pasteurs sont importants. Toutefois, tout le monde dans une église locale doit travailler pour aider l'église à grandir. Chaque croyant a sa responsabilité.**

   Écrivez ces mots sur le tableau ou sur une grande feuille de papier « Que peuvent faire les enfants pour aider notre église à grandir ? » Demandez à des volontaires d'écrire un moyen où les enfants peuvent aider.

QUESTIONS À CHOIX MULTIPLES POUR LE NIVEAU DE BASE

Pour préparer les enfants à ce concours, lisez Actes 28.1-31.

1 **Que s'est-il passé quand Paul a mis un tas de brousailles au feu ? (28.3-5)**
1. Une vipère s'est attachée à sa main.
2. Il a secoué l'animal dans le feu.
3. **Les réponses ci-dessus sont correctes.**

2 **Qui a reçu Paul et ses compagnons et les a logés chez lui pendant trois jours sur l'île de Malte ? (28.7)**
1. Le roi de Malte
2. **Le principal personnage de l'île, Publius**
3. Plusieurs des veuves de Malte

3 **Quels sont ceux qui sont venus à Paul après qu'il ait guéri le père de Publius ? (28.9)**
1. **Les autres malades de l'île**
2. Toute la famille de Publius
3. Les principaux chefs de Malte

4 **Qu'ont fait les barbares de Malte pour Paul et l'équipage ? (28.10)**
1. Leur ont rendu de grands honneurs
2. Leur ont fourni les choses dont ils avaient besoin
3. **Les réponses ci-dessus sont correctes**

5 **Que s'est-il passé quand Paul a vu les frères de Rome ? (28.15)**
1. **Il a rendu grâces à Dieu et a pris courage.**
2. Il était en colère envers eux parce qu'ils l'avaient mis en prison.
3. Il leur a demandé pourquoi ils ne sont pas venus le voir à Jérusalem.

6 **Pourquoi les principaux des Juifs à Rome voulaient-ils entendre le point de vue de Paul ?**
1. **Parce qu'ils savaient que cette secte rencontrait partout de l'opposition**
2. Parce qu'ils étaient heureux d'entendre le témoignage de Paul
3. Parce qu'ils ont reçu une lettre de Jérusalem concernant Paul

7 **À quel moment les principaux des Juifs à Rome ont-ils quittés Paul ? (28.25)**
1. **Après que Paul ait fait sa déclaration finale.**
2. Au environ de midi
3. Immédiatement après que Paul ait commencé à enseigner au sujet de Jésus

8 **Qu'est-ce qui a été envoyé aux païens selon Paul ? (28.28)**
1. Des rêves et des visions
2. **Le salut de Dieu**
3. La douleur et la souffrance

9 **Qu'est-ce que Paul a dit que les païens allaient faire avec le message du salut de Dieu ? (28.28)**
1. Ils allaient le mettre de côté.
2. Ils n'allaient pas l'écouter.
3. **Ils allaient l'écouter.**

10 **Combien de temps Paul est-il resté à Rome ? (28.30)**
1. **Deux ans**
2. Deux mois
3. Deux semaines

QUESTIONS À CHOIX MULTIPLES POUR LE NIVEAU AVANCÉ

Pour préparer les enfants à ce concours, lisez Actes 28.1-31.

1 Qu'ont fait les barbares de Malte pour Paul et ses compagnons ? (28.1-3)

1. Ont témoigné une bienveillance peu commune

2. Ont fait un grand feu

3. Les ont receuillis

4. **Toutes les réponses ci-dessus sont correctes**

2 Pourquoi les barbares ont-ils dit à Paul qu'il était un meurtrier ? (28.4)

1. Parce qu'il a fait des miracles

2. Parce qu'il semblait coupable et nerveux

3. **Parce qu'il a été mordu par une vipère**

4. Toutes les réponses sont correctes

3 Qu'est-il arrivé à Paul quand la vipère l'a mordu ? (28.5-6)

1. **Il ne ressenti aucun mal.**

2. Sa main s'est enflée.

3. Il est soudainement tombé mort.

4. Il est devenu semblable à Dieu.

4 Comment le père de Publius a-t-il été guéri ? (28.8)

1. Paul est allé le voir.

2. Paul a prié pour lui.

3. Paul lui a imposé les mains.

4. **Toutes les réponses ci-dessus sont correctes.**

5 Qu'a fait Paul quand il a vu les frères à Rome ? (28.14-15)

1. **Il a rendu grâces à Dieu et a pris courage.**

2. Il les a embrassés et a pleuré.

3. Il leur a tourné son visage parce qu'il avait honte.

4. Il leur a demandé de la nourriture et un endroit pour rester.

6 Pourquoi Paul a-t-il dit qu'il portait des chaînes ? (28.20)

1. Parce qu'il avait commis a crime qui méritait la mort

2. **Parce qu'il avait l'espérance d'Israël.**

3. Parce que son propre peuple était coupable

4. Toutes les réponses ci-dessus sont correctes

7 De quelle manière Paul a-t-il essayé de persuader ceux qui étaient à Rome au sujet de Jésus ? (28.23)

1. Par des miracles

2. **Par la loi de Moïse et les prophètes**

3. Par des histoires de ses voyages

4. En les disant qu'il les aime

8 Qu'est-ce qui a été envoyé aux païens selon Paul ? (28.28)

1. De l'argent pour construire de nouvelles églises

2. **Le salut de Dieu**

3. La douleur et la souffrance

4. La persésution

9 Qu'a dit Paul que les païens allaient faire avec le message du salut de Dieu ? (28.28)

1. Ils allaient le mettre de côté.

2. Ils n'allaient pas l'écouter

3. **Ils allaient l'écouter**

4. Ils n'allaient pas connaître sa signification

10 Qu'a fait Paul pendant deux ans à Rome ? (28.30-31)

1. Il a demeuré dans une maison qu'il avait louée.

2. Il a prêché le royaume de Dieu en toute liberté et sans obstacles.

3. Il a enseigné ce qui concerne le Seigneur Jésus-Christ.

4. **Toutes les réponses ci-dessus sont correctes.**

Les activités pour les versets à retenir

Étude 1

Nous sommes témoins de ces choses, de même que le Saint-Esprit, que Dieu a donné à ceux qui lui obéissent. (Actes 5.32)

Étude 2

Il n'y a de salut en aucun autre; car il n'y a sous le ciel aucun autre nom qui ait été donné parmi les hommes, par lequel nous devions être sauvés. (Actes 4.12)

Étude 3

Et n'oubliez pas la bienfaisance et la libéralité, car c'est à de tels sacrifices que Dieu prend plaisir. (Hébreux 13.16)

Étude 4

Heureux l'homme qui supporte patiemment la tentation; car, après avoir été éprouvé, il recevra la couronne de vie, que le Seigneur a promise à ceux qui l'aiment. (Jacques 1.12)

Étude 5

La révélation de tes paroles éclaire. Elle donne de l'intelligence aux simples. (Psaume 119.130)

Étude 6

Si quelqu'un est en Christ, il est une nouvelle créature. Les choses anciennes sont passées ; voici, toutes choses sont devenues nouvelles. (2 Corinthiens 5.17)

Étude 7

Ne vous conformez pas au siècle présent, mais soyez transformés par le renouvellement de l'intelligence, afin que vous discerniez quelle est la volonté de Dieu, ce qui est bon, agréable et parfait. (Romains 12.2)

Étude 8

Alors Pierre, ouvrant la bouche dit : En vérité, je reconnais que Dieu ne fait point acception de personnes, mais qu'en toute nation celui qui le craint et qui pratique la justice lui est agréable. (Actes 10.34-35)

Étude 9

La prière fervente du juste a une grande efficace. (Jacques 5.16*b*)

Étude 10

En toute humilité et douceur, avec patience, vous supportant les uns les autres avec charité, vous efforçant de conserver l'unité de l'esprit par le lien de la paix. (Éphésiens 4.2-3)

Étude 11

Pierre leur dit : Repentez-vous et que chacun de vous soit baptisé au nom de Jésus-Christ, pour le pardon de vos péchés: et vous recevrez le don du Saint-Esprit. (Actes 2.38)

Étude 12

Car tu lui serviras de témoin, auprès de tous les hommes, des choses que tu as vues et entendues. (Actes 22.15)

Étude 13

Que dirons-nous donc à l'égard de ces choses ? Si Dieu est pour nous, qui sera contre nous ? (Romains 8.31)

Étude 14

Mais vous recevrez une puissance, le Saint-Esprit survenant sur vous, et vous serez mes témoins à Jérusalem, dans toute la Judée, dans la Samarie, et jusqu'aux extrémités de la terre. (Actes 1.8)

Étude 15

Mais je ne fais pour moi-même aucun cas de ma vie, comme si elle m'était précieuse, pourvu que j'accomplisse ma course avec joie, et le ministère que j'ai reçu du Seigneur Jésus d'annoncer la bonne nouvelle de la grâce de Dieu. (Actes 20.24)

Étude 16

Va donc, je serai avec ta bouche, et je t'enseignerai ce que tu auras à dire. (Exode 4.12)

Étude 17

Lui de qui nous espérons qu'il nous délivrera encore. (2 Corinthiens 1.10*b*)

Étude 18

Car nous ne pouvons pas ne pas parler de ce que nous avons vu et entendu. (Actes 4.20)

Étude 19

Retenons fermement la profession de notre espérance, car celui qui a fait la promesse est fidèle. (Hébreux 10.23)

Étude 20

Prenez donc garde à vous-mêmes, et à tout le troupeau sur lequel le Saint-Esprit vous a établis évêques, pour paître l'Église du Seigneur, qu'il s'est acquise par son propre sang. (Actes 20.28)

Les activités des versets à retenir

APPRENDRE LE VERSET À RETENIR EN S'AMUSANT

Demandez aux enfants de s'asseoir en file indienne. Dites au premier enfant de se mettre debout, de dire le premier mot du verset, d'agiter ses mains en l'air comme une vague de la mer, et de se rasseoir. Demandez au deuxième enfant de se mettre debout, de dire le deuxième mot du verset, d'agiter ses mains en l'air de même que le premier, et de se rasseoir. Continuez juqu'à ce que le verset soit complété. Si un enfant oublie le mot ou donne un mot incorrect, laissez les autres enfants dire le bon mot. Encouragez les enfants à dire le verset rapidement afin que leurs mouvements ressemblent à des vagues de la mer.

PASSEZ LA BIBLE

Vous aurez besoin d'une Bible et une source de musique pour cette activité.

Demandez aux enfants de s'asseoir en cercle. Donnez la Bible à un enfant. Expliquez qu'ils doivent faire circuler la Bible dans le cercle lorsque la musique joue. Quand la musique s'arrête, celui qui tient la Bible dit le verset à retenir. Avec délicatesse, faites arrêter la musique afin que chaque enfant ait l'opportunité de réciter le verset.

APPRENDRE LE VERSET À RETENIR EN FAISANT LA COURSE

Ecrivez chaque mot ou phrase d'un verset biblique sur une fiche de papier. Faites deux séries, une pour chaque équipe.

Divisez la classe en deux équipes. Mettez une série de fiches par terre devant chaque équipe. Mélangez l'ordre des fiches. Au signal, le premier enfant de chaque équipe cherche le premier mot du verset et l'apporte à la ligne d'arrivée. Il le place par terre et cours vers le deuxième joueur. Celui-ci cherche le deuxième mot du verset et l'apporte à la ligne d'arrivée. Continuez ainsi jusqu'au moment ou une équipe complète le verset dans le bon ordre. Laissez la deuxième équipe compléter leur verset. À la fin, demandez aux deux équipes de réciter le verset ensemble.

APPRENDRE LE VERSET À RETENIR EN SE METTANT EN RANG

Ecrivez chaque mot ou phrase d'un verset biblique sur une fiche de papier.

Donnez une fiche à chaque enfant. Demandez qu'ils se déplacent aux coins diverses de la salle et montrent leurs fiches. Choisissez un autre enfant pour mettre en rang les enfants qui ont des fiches, dans le bon ordre du verset. Ensuite demandez qu'ils lisent ensemble le verset.

APPRENDRE LE VERSET À RETENIR PAR LE JEU DE MÉMOIRE : CHERCER ET TROUVER

Préparez des papiers et cachez-les à l'avance pour cette activité.

Écrivez chaque mot du verset à retenir sur un morceau de papier. Cachez ces papiers individuels avec chaque mot autour de la salle. Demandez aux enfants de trouver les papiers avec les mots et de les mettre dans le bon ordre. Récitez le verset à retenir.

APPRENDRE LE VERSET À RETENIR EN SE METTANT DEBOUT

Demandez aux enfants de former un cercle et de s'asseoir par terre. Dites au premier de se tenir debout et de dire le premier mot du verset, et ensuite de se rasseoir. Le deuxième enfant se tient debout et dit le deuxième mot, et puis se rassoit. Continuez jusqu'au moment où les enfants complètent le verset. Encouragez les enfants de jouer de nouveau, mais de le faire plus vite. Laissez les enfants voir avec quelle vitesse ils peuvent réciter le verset.

APPRENDRE LE VERSET À RETENIR PAR LE JEU DE MÉMOIRE : LES MOTS MANQUANTS

Vous aurez besoin d'un tableau noir, un tableau avec marqueurs, ou des feuilles de papier pour cette activité.

Écrivez le verset à retenir sur le tableau noir ou le tableau avec marqueurs. Demandez aux enfants de réciter le verset. Permettez aux enfants d'effacer un mot et puis demandez-leur de répéter le verset (avec le mot manquant.)

Continuez jusqu'à ce que tous les mots soient effacés afin que les enfants puissent dire le verset de mémoire. Si un tableau noir ou tableau avec marqueurs n'est pas disponible, écrivez les mots du verset sur des feuilles de papier alors que les enfants retirent une feuille avec un mot à la fois.

Lectures bibliques en français simplifié

ÉTUDE 1
Actes 1.1-11; 2.1-8; 12-21, 36-47

Le don promis

Luc présente son livre

Cher Théophile, dans mon premier livre, j'ai raconté tout ce que Jésus a fait et enseigné depuis le début jusqu'au jour où il est monté au ciel. Il a choisi des hommes comme apôtres, et avant de monter au ciel, il leur a donné ses commandements par la force de l'Esprit Saint.

Jésus promet l'Esprit Saint

Après sa mort, Jésus se présente à ses apôtres, et il leur prouve de plusieurs façons qu'il est bien vivant. Pendant 40 jours, il se montre à eux et il leur parle du Royaume de Dieu. Un jour, pendant qu'il mange avec eux, il leur donne cet ordre : « Ne quittez pas Jérusalem, mais attendez ce que le Père a promis. Moi-même, je vous l'ai déjà annoncé : Jean a baptisé avec de l'eau, mais vous, dans quelques jours, vous serez baptisés dans l'Esprit Saint. »

Jésus monte au ciel

Les apôtres sont donc réunis avec Jésus et ils lui demandent : « Seigneur, est-ce maintenant que tu vas rétablir le royaume d'Israël ? » Jésus leur répond : « Vous n'avez pas besoin de connaître le temps et le moment où ces choses doivent arriver. C'est mon Père qui décide cela, lui seul a le pouvoir de le faire. Mais vous allez recevoir une force, celle de l'Esprit Saint qui descendra sur vous. Alors vous serez mes témoins à Jérusalem, dans toute la Judée et la Samarie, et jusqu'au bout du monde. »

Après que Jésus a dit cela, il monte au ciel sous les yeux de ses apôtres. Ensuite, un nuage le cache, et ils ne le voient plus.

Mais pendant que Jésus s'éloigne, les apôtres continuent à regarder le ciel. Tout à coup, deux hommes en vêtements blancs sont à côté d'eux. Ils disent aux apôtres : « Hommes de Galilée, vous restez là à regarder le ciel. Pourquoi donc ? Jésus vous a quittés pour aller vers le ciel. Et il reviendra de la même façon que vous l'avez vu aller vers le ciel. »

L'Esprit Saint vient sur les croyants

Quand le jour de la Pentecôte arrive, les croyants sont réunis tous ensemble au même endroit. Tout à coup un bruit vient du ciel. C'est comme le souffle d'un violent coup de vent. Le bruit remplit toute la maison où ils sont assis. Alors ils voient apparaître des langues, comme des langues de feu. Elles se séparent et se posent sur chacun d'eux. Tous sont remplis de l'Esprit Saint et ils se mettent à parler d'autres langues. C'est l'Esprit qui leur donne de faire cela.

À Jérusalem, il y a des Juifs venus de tous les pays du monde. Ce sont des gens fidèles à Dieu. Quand ils entendent ce bruit, ils se rassemblent en foule. Ils sont profondément surpris, parce que chacun entend les croyants parler dans sa langue. Ils sont très étonnés et pleins d'admiration et ils disent : « Tous ces gens qui parlent sont bien des Galiléens. » Alors, comment chacun de nous peut-il les entendre parler dans la langue de ses parents ?

Ils sont tous très étonnés et ne savent pas quoi penser. Ils se disent entre eux : « Qu'est-ce que cela veut dire ? » Mais d'autres se moquent des croyants en disant : « Ils sont complètement ivres ! »

Pierre parle à la foule

Alors Pierre, debout avec les onze apôtres, se met à dire d'une voix forte : « Frères juifs, et vous tous qui habitez à Jérusalem, vous devez comprendre ce qui se passe. Écoutez bien ce que je vais dire. Ces gens ne sont pas ivres, comme vous le pensez. En effet, il est seulement neuf heures du matin. Mais ce que le prophète Joël a annoncé, cela arrive maintenant. Voici ses paroles :

Dieu dit : Dans les derniers jours,
je donnerai mon Esprit à tous.
Vos fils et vos filles parleront de ma part.
Je ferai voir des choses nouvelles à vos jeunes
gens,
j'enverrai des rêves à vos vieillards.
Oui, en ces jours-là,
je donnerai mon Esprit
à mes serviteurs et à mes servantes,
et ils parleront de ma part.
Je ferai des choses extraordinaires
en haut dans le ciel

et des choses étonnantes en bas sur la terre.
Il y aura du sang, du feu
et des nuages de fumée.
Le soleil deviendra sombre
et la lune sera rouge comme du sang.
Ensuite, le jour du Seigneur viendra,
ce jour grand et magnifique.
Alors tous ceux qui feront appel au Seigneur
seront sauvés.
Tout le peuple d'Israël doit donc le savoir de
façon très sûre : ce Jésus que vous avez
cloué sur une croix, Dieu l'a fait Seigneur
et Christ.

Trois mille personnes s'ajoutent au groupe des croyants

Quand les gens entendent cela, ils sont très émus, ils demandent à Pierre et aux autres apôtres : « Frères, qu'est-ce que nous devons faire ? » Pierre leur répond : « Changez votre vie ! Chacun de vous doit se faire baptiser au nom de Jésus-Christ. Ainsi, Dieu pardonnera vos péchés et il vous donnera l'Esprit Saint. En effet, la promesse de Dieu est pour vous et pour vos enfants. Elle est pour tous ceux qui sont loin, pour tous ceux que le Seigneur notre Dieu appellera. »

Pierre parle encore longtemps pour les persuader et les encourager. Il leur dit : « Les gens d'aujourd'hui sont mauvais. Quittez-les, et Dieu vous sauvera. »

Ceux qui acceptent la parole de Pierre se font baptiser. Ce jour-là, à peu près 3 000 personnes s'ajoutent au groupe des croyants.

ETUDE 2
Actes 3.1-16 ; 4.1-22

C'est mieux que l'argent

Pierre et Jean guérissent un infirme

Un jour, Pierre et Jean vont au temple pour la prière de trois heures de l'après-midi. Près de la porte du temple appelée « la Belle Porte », il y a un homme infirme depuis sa naissance. Chaque jour, on l'apporte et on le dépose là. Il demande de l'argent à ceux qui entrent dans le temple. L'infirme voit Pierre et Jean qui vont entrer, il leur demande de l'argent. Pierre et Jean tournent les yeux vers lui et Pierre lui dit : « Regarde-nous ! » L'homme les regarde avec attention. Il pense : « Ils vont me donner quelque chose. » Pierre lui dit : « Je n'ai pas d'argent, je n'ai pas d'or, mais ce que j'ai, je te le donne : Au nom de Jésus-Christ de Nazareth, lève-toi et marche ! »

Pierre prend l'homme par la main droite pour l'aider à se lever. Aussitôt les pieds et les chevilles de l'infirme deviennent solides. Il se lève d'un bond et se met à marcher. Il entre avec Pierre et Jean dans le temple, il marche, il saute, il chante la louange de Dieu. Toute la foule le voit marcher et chanter la louange de Dieu. Les gens le reconnaissent : c'est lui qui était assis à la Belle Porte du temple pour mendier. Alors ils sont effrayés et très étonnés à cause de ce qui est arrivé à l'infirme.

Pierre parle à la foule dans le temple

L'homme ne quitte plus Pierre et Jean. Toute la foule est très étonnée, elle court vers eux, le long des colonnes appelées « Colonnes de Salomon ». En voyant cela, Pierre dit à la foule : « Frères israélites, ce qui est arrivé vous étonne ? Pourquoi donc ? Pourquoi est-ce que vous nous regardez de cette façon ? Vous avez l'air de penser : c'est Pierre et Jean qui ont fait marcher cet homme, parce qu'ils sont eux-mêmes puissants et fidèles à Dieu. Mais non ! Le Dieu d'Abraham, d'Isaac et de Jacob, le Dieu de nos ancêtres, a donné de la gloire à son serviteur Jésus. Vous, vous l'avez livré, vous l'avez rejeté devant Pilate. Pourtant celui-ci avait décidé de le libérer. Vous, vous avez rejeté celui qui est saint et juste et vous avez demandé que Pilate vous libère un assassin. Vous avez fait mourir le maître de la vie, mais Dieu l'a réveillé de la mort, nous en sommes témoins. Maintenant, vous voyez cet homme et vous le connaissez : c'est le nom de Jésus qui l'a guéri parce que nous croyons en lui. C'est la foi en Jésus qui lui a donné toute la santé, devant vous tous.

Pierre et Jean devant le Tribunal religieux

Pierre et Jean sont en train de parler à la foule, quand les prêtres, le chef des gardes du temple et les Sadducéens arrivent près d'eux. Ils sont très en colère parce que Pierre et Jean enseignent la foule. Les deux apôtres annoncent que les morts peuvent revenir à la vie. En effet, ils disent : « Jésus s'est relevé de la mort. » Ils arrêtent Pierre et Jean et ils les mettent en prison jusqu'au jour suivant, car c'est déjà le soir. Beaucoup de ceux qui ont entendu la parole de Dieu deviennent croyants. Ils sont à peu près 5 000 personnes.

Le jour suivant, les chefs religieux, les anciens et les maîtres de la loi se rassemblent à Jérusalem. Il y a Hanne le grand-prêtre, Caïphe, Jean, Alexandre et tous ceux qui sont de la famille du grand-prêtre. Ils font amener Pierre et Jean devant eux et ils leur demandent : « Vous avez guéri l'infirme par quel pouvoir ? Vous avez fait cela au nom de qui ? » Alors Pierre, rempli de l'Esprit Saint, leur dit : « Chefs du peuple et anciens, nous avons fait du bien à un infirme, et aujourd'hui on nous demande comment cet homme a été guéri. Vous tous et tout le peuple d'Israël, vous devez savoir une chose : c'est par le nom de Jésus-Christ de Nazareth que cet homme est là devant vous, en bonne santé. Ce Jésus-Christ, vous l'avez cloué sur une croix, mais Dieu l'a réveillé de la mort. Les Livres Saints disent de lui : « La pierre que vous, les constructeurs, avez rejetée est devenue la pierre principale. »

Cette pierre, c'est Jésus.

« C'est lui seul qui peut nous sauver. En effet, dans le monde entier, Dieu n'a donné aux hommes personne d'autre pour nous sauver. »

Les membres du Tribunal religieux sont très étonnés. Ils voient que Pierre et Jean parlent avec assurance. Et en même temps, ils se rendent compte que ce sont des hommes simples et sans instruction. Ils reconnaissent que Pierre et Jean étaient avec Jésus. Ils voient aussi l'homme guéri, debout à côté des deux apôtres. Ceux du Tribunal ne trouvent rien à répondre. Alors ils leur donnent cet ordre : « Sortez de la salle du Tribunal ! » Et ils se mettent à discuter entre eux. Ils disent : « Qu'est-ce que nous allons faire de ces gens-là ? Ils ont fait un miracle, c'est sûr, et tous les habitants de Jérusalem le savent, nous ne pouvons pas dire le contraire. Mais il faut éviter que cette nouvelle se répande partout dans le peuple. Nous allons donc les menacer, pour qu'ils ne parlent plus à personne du nom de Jésus. » Ils appellent Pierre et Jean et leur disent : « Arrêtez complètement de parler et d'enseigner au nom de Jésus. » Mais les deux apôtres leur répondent : « Qu'est-ce qui est juste aux yeux de Dieu : vous écouter, vous, ou écouter Dieu ? Décidez vous-mêmes ! En tout cas, nous ne pouvons pas nous taire sur ce que nous avons vu et entendu. »

Ceux du Tribunal menacent encore les deux apôtres, ensuite ils les libèrent. Ils n'ont pas trouvé de raison pour les punir. En effet, tout le peuple chante la gloire de Dieu à cause de ce qui est arrivé. L'homme qui a été guéri par ce miracle a plus de 40 ans.

ÉTUDE 3
Acts 4.23-5.11

La multitude était d'un coeur et d'une âme

Les croyants prient

Quand Pierre et Jean sont libérés, ils vont voir leurs amis et ils leur racontent tout ce que les chefs des prêtres et les anciens ont dit. Ils entendent cela. Alors tous se mettent à prier Dieu d'un seul cœur en disant : « Maître, c'est toi qui as fait le ciel, la terre, la mer et tout ce qu'ils contiennent. Tu as donné ton Esprit Saint à David, notre ancêtre et ton serviteur. Tu as dit par sa bouche :

Les peuples s'agitent, pourquoi ?
Ils font des projets, mais pour rien.
Les rois de la terre se préparent au combat.
Ceux qui ont le pouvoir se réunissent
contre le Seigneur
et contre le roi choisi par lui.

« C'est bien vrai, Hérode Antipas et Ponce Pilate se sont réunis dans cette ville, avec les étrangers et les tribus d'Israël. C'était contre Jésus, ton serviteur saint, que tu as choisi comme Messie. De cette façon, ils ont fait tout ce que tu as décidé d'avance, tout ce que tu as voulu avec puissance. Et maintenant, Seigneur, vois comme ils nous menacent. Donne à tes serviteurs d'annoncer ta parole avec une totale assurance. Étends la main pour qu'il y ait des guérisons, des choses étonnantes et extraordinaires, par le nom de Jésus, ton serviteur saint. »

Quand ils ont fini de prier, l'endroit où ils sont réunis se met à trembler. Ils sont tous remplis de l'Esprit Saint et ils annoncent la parole de Dieu avec assurance.

Les croyants mettent tout en commun

La foule des croyants est très unie par le cœur et par l'esprit. Personne ne dit : « Cela, c'est à moi ! », mais ils mettent tout en commun. Avec une grande force, les apôtres témoignent que Jésus s'est relevé de la mort, et Dieu leur montre son amour de mille manières. Parmi eux, personne ne manque de rien. En effet, tous ceux qui ont des champs ou des maisons les vendent, ils apportent l'argent de ce qu'ils ont vendu et ils le donnent aux apôtres. Ensuite, on distribue l'argent, et chacun reçoit ce qui lui est nécessaire.

Il y a ainsi un certain Joseph, un lévite né à Chypre. Les apôtres l'appellent Barnabas, ce qui veut dire « l'homme qui encourage ». Il a un champ, il le vend, il apporte l'argent et le donne aux apôtres.

Le mensonge d'Ananias et de Saphira

Un homme appelé Ananias, en accord avec sa femme Saphira, vend une propriété. Toujours avec l'accord de sa femme, il garde une partie de l'argent pour lui. Ananias apporte le reste et le donne aux apôtres. Mais Pierre lui dit : « Ananias, tu as ouvert ton cœur à Satan. Pourquoi donc ? Tu as menti à l'Esprit Saint et tu as gardé une partie de l'argent du champ. Tu pouvais garder le champ, ou bien tu pouvais le vendre et faire ce que tu voulais avec l'argent. Comment est-ce que tu as pu décider dans ton cœur d'agir ainsi ? Ce n'est pas à nous que tu as menti, mais c'est à Dieu ! »

En entendant ces paroles, Ananias tombe et il meurt. Tous ceux qui apprennent cela ont très peur. Les jeunes gens viennent envelopper le corps et ils l'emportent pour l'enterrer.

À peu près trois heures plus tard, la femme d'Ananias arrive. Elle ne sait pas ce qui s'est passé. Pierre lui demande : « Dis-moi, est-ce que vous avez vendu le champ pour cette somme-là ? » Elle répond : « Oui, pour cette somme-là. » Alors Pierre lui dit : « Comment est-ce que toi et ton mari, vous avez pu décider ensemble de provoquer l'Esprit du Seigneur ? Écoute, ceux qui viennent d'enterrer ton mari sont là, à la porte. Ils vont t'emporter, toi aussi. »

Au même moment, la femme tombe aux pieds de l'apôtre et elle meurt. Les jeunes gens entrent et ils voient qu'elle est morte. Ils l'emportent et l'enterrent auprès de son mari. Toute l'Église et tous ceux qui apprennent ce qui s'est passé ont très peur.

ÉTUDE 4
Actes 6.1-15 ; 7.51–8.3

Étienne est exécuté et l'Église dispersée

On choisit sept hommes pour aider les apôtres

À ce moment-là, le nombre des disciples devient de plus en plus grand, et les Juifs qui parlent grec se plaignent des Juifs du pays. Ils disent : « Chaque jour, au moment où on distribue la nourriture, on oublie les veuves de notre groupe. » Alors les douze apôtres réunissent l'ensemble des autres disciples, et ils leur disent : « Nous ne devons pas cesser d'annoncer la parole de Dieu pour nous occuper des repas. C'est pourquoi, frères, choisissez parmi vous sept hommes que tout le monde respecte, remplis d'Esprit Saint et de sagesse. Nous leur confierons le service des repas et nous, nous continuerons fidèlement à prier et à annoncer la parole de Dieu. »

L'assemblée entière est d'accord avec eux. On choisit Étienne, un homme rempli de foi et d'Esprit Saint. On choisit aussi Philippe, Procore, Nicanor, Timon, Parménas et Nicolas, un homme d'Antioche de Syrie, qui obéit à la loi de Moïse. On les amène devant les apôtres. Les apôtres prient pour eux en posant les mains sur leur tête.

La parole de Dieu est de plus en plus connue. À Jérusalem, il y a de plus en plus de disciples. De très nombreux prêtres juifs croient en Jésus.

Étienne est arrêté

Dieu a donné à Étienne sa force et son amour. Alors il fait des choses extraordinaires et étonnantes dans le peuple. Des Juifs de Cyrène et d'Alexandrie ont l'habitude d'aller dans la maison de prière appelée « Maison de prière des esclaves libérés ». Avec des Juifs de Cilicie et de la province d'Asie, ils se mettent à discuter avec Étienne, mais ils ne peuvent pas avoir raison contre lui. En effet, l'Esprit Saint lui donne la sagesse pour parler. Alors ils paient des gens pour qu'ils disent : « Nous avons entendu Étienne parler contre Moïse et contre Dieu. »

Ainsi, ils excitent le peuple, les anciens et les maîtres de la loi. Puis ils s'approchent d'Étienne, ils l'arrêtent et le conduisent devant le Tribunal. Ils amènent aussi de faux témoins qui disent : « Cet homme parle sans arrêt contre le saint temple et contre la loi de Moïse ! Nous l'avons entendu dire : « Jésus de Nazareth détruira ce temple et il changera les coutumes que Moïse nous a données. » »

Tous les membres du Tribunal regardent Étienne. Son visage ressemble à celui d'un ange.

Étienne dit encore aux gens du Tribunal : « Vous êtes des hommes têtus, vos cœurs et vos oreilles sont fermés à Dieu. Vous résistez toujours à l'Esprit Saint. Vous êtes comme vos ancêtres ! Ils ont fait souffrir tous les prophètes ! Ils ont même tué ceux qui annonçaient la venue du Juste. Et maintenant, vous, vous avez livré le Juste et vous l'avez tué ! Vous avez reçu la loi de Dieu par l'intermédiaire des anges, mais vous n'avez pas obéi à cette loi ! »

La mort d'Étienne

Quand les gens du Tribunal entendent cela, ils deviennent furieux. Ils grincent des dents, parce qu'ils sont en colère contre Étienne. Mais lui, rempli de l'Esprit Saint, regarde vers le ciel : il voit la gloire de Dieu, et Jésus debout à la droite de Dieu. Il dit : « Je vois le ciel ouvert et le Fils de l'homme debout à la droite de Dieu. »

Alors ceux qui ont entendu ces paroles poussent de grands cris et se bouchent les oreilles. Ils se précipitent tous ensemble sur Étienne, ils le font sortir de la ville et se mettent à lui jeter des pierres. Ils ont laissé leurs vêtements aux pieds d'un jeune homme appelé Saul. Pendant qu'on lui jette des pierres, Étienne prie en disant : « Seigneur Jésus, reçois ma vie. » Ensuite, il tombe à genoux et il crie de toutes ses forces : « Seigneur, pardonne-leur ce péché ! » Après qu'il a dit cela, il meurt.

Et Saul est d'accord avec ceux qui ont tué Étienne. Ce jour-là, on commence à faire souffrir très durement l'Église de Jérusalem. Tous les croyants, sauf les apôtres, s'en vont un peu partout dans les régions de Judée et de Samarie.

L'Église de Jérusalem commence à souffrir très durement

Des gens fidèles à Dieu enterrent Étienne et ils pleurent beaucoup sur lui. Mais il y a Saul : il veut détruire l'Église. Il va dans toutes les maisons, il fait sortir les croyants, les hommes et les femmes, et il les jette en prison.

Philippe allait de lieu en lieu

Philippe annonce la Bonne Nouvelle en Samarie

Les croyants qui sont partis de tous les côtés vont d'un endroit à l'autre, en annonçant la Bonne Nouvelle. Philippe va dans une ville de Samarie, et là, il annonce le Messie. D'un commun accord, les habitants viennent en foule, et ils écoutent avec attention ce qu'il dit. En effet, ils entendent parler des choses extraordinaires qu'il fait et ils les voient. Des esprits mauvais sortent de nombreux malades, en poussant de grands cris, beaucoup de paralysés et d'infirmes sont guéris. Alors la joie est grande dans cette ville.

Un homme appelé Simon habite dans cette ville depuis un certain temps. Il pratique la magie et il étonne beaucoup les gens de Samarie. Il dit qu'il est quelqu'un d'important, tous, les plus jeunes comme les plus vieux, l'écoutent avec attention. On dit : « Cet homme, c'est la puissance de Dieu, celle qu'on appelle la « Grande Puissance » ! »

Depuis longtemps, Simon étonne beaucoup les gens avec sa magie, c'est pourquoi ils l'écoutent avec attention. Mais maintenant, Philippe leur annonce la Bonne Nouvelle de Jésus-Christ et du Royaume de Dieu. Tous ceux qui le croient, des hommes et des femmes, se font baptiser. Même Simon devient croyant, il se fait baptiser et il ne quitte plus Philippe. En voyant les miracles et les choses extraordinaires qui arrivent, c'est lui qui est très étonné !

À Jérusalem, les apôtres apprennent que les gens de Samarie ont reçu la parole de Dieu, ils leur envoient donc Pierre et Jean. Quand les deux apôtres arrivent en Samarie, ils prient pour que les croyants reçoivent l'Esprit Saint. En effet, l'Esprit Saint n'est encore descendu sur personne parmi eux. Ils ont seulement été baptisés au nom du Seigneur Jésus. Alors Pierre et Jean posent les mains sur leur tête, et ils reçoivent l'Esprit Saint.

Simon voit que les croyants reçoivent l'Esprit Saint quand les apôtres posent les mains sur leur tête. C'est pourquoi il offre de l'argent à Pierre et à Jean en leur disant : « Donnez-moi ce pouvoir, à moi aussi. De cette façon, quand je poserai les mains sur la tête de quelqu'un, cette personne recevra l'Esprit Saint. » Mais Pierre lui répond : « Que ton argent soit détruit, et toi aussi ! Tu as cru que tu pouvais acheter avec de l'argent ce que Dieu donne gratuitement. Ce qui se passe ici n'est pas pour toi, tu n'as pas le droit d'y participer ! En effet, pour Dieu, ton intention est mauvaise. Ce que tu as fait est mal, reconnais cela et prie le Seigneur. Il va peut-être pardonner ces mauvaises pensées. Oui, je le vois, tu es rempli d'envie et prisonnier du péché ! » Simon répond à Pierre et à Jean : « Priez vous-mêmes le Seigneur pour moi, alors rien de ce que vous avez dit ne pourra m'arriver. »

Les deux apôtres rendent témoignage en annonçant la parole du Seigneur, puis ils retournent à Jérusalem. En chemin, ils font connaître la Bonne Nouvelle dans beaucoup de villages de Samarie.

Philippe rencontre un fonctionnaire éthiopien

L'ange du Seigneur dit à Philippe : « Pars vers le sud, sur la route qui va de Jérusalem à Gaza. En ce moment, il n'y a personne sur la route. » Philippe part tout de suite. En chemin, il voit un homme. C'est un eunuque éthiopien, un fonctionnaire important. C'est lui qui s'occupe de toutes les richesses de Candace, la reine d'Éthiopie. Il est venu à Jérusalem pour adorer Dieu et il retourne chez lui. Il est assis dans une voiture à cheval et lit le livre du prophète Ésaïe. L'Esprit Saint dit à Philippe : « Avance, va jusqu'à cette voiture ! »

Philippe y va en courant. Il entend l'Éthiopien qui lit le livre du prophète Ésaïe. Philippe lui demande : « Est-ce que tu comprends ce que tu lis ? » L'homme répond : « Comment est-ce que je peux comprendre ? Personne ne m'explique ! » Et il invite Philippe à monter dans la voiture et à s'asseoir à côté de lui. Il est en train de lire ce passage d'Ésaïe :

Il est comme un mouton
qu'on mène à la boucherie,
comme un agneau qui ne crie pas
quand on lui coupe sa laine.
Il garde le silence.
On le compte pour rien et on ne lui fait pas
  justice.
Qui pourra parler de ses enfants ?
Personne !
En effet, on a supprimé sa vie de la terre.

L'Éthiopien demande à Philippe : « S'il te plaît, dis-moi : le prophète parle de qui ? De lui-même ou de quelqu'un d'autre ? »

Alors Philippe prend la parole. À partir de ce passage des Livres Saints, il lui annonce la Bonne Nouvelle de Jésus. Ils continuent leur chemin et arrivent à un endroit où il y a de l'eau. L'Éthiopien dit à Philippe : « Voici de l'eau. Qu'est-ce qui empêche que je sois baptisé ? »

Il fait arrêter la voiture. Philippe et l'Éthiopien descendent tous les deux dans l'eau, et Philippe le baptise. Quand ils sortent de l'eau, l'Esprit du Seigneur enlève Philippe. L'Éthiopien ne le voit plus, mais il continue son chemin, tout joyeux. Philippe se retrouve à Azoth, puis il part pour Césarée. En chemin, il annonce la Bonne Nouvelle dans toutes les villes où il passe.

ÉTUDE 6
Actes 9.1-31

Saul est transformé

Le Seigneur Jésus appelle Saul

Pendant ce temps, Saul ne pense qu'à menacer et à faire mourir les disciples du Seigneur. Il va voir le grand-prêtre et lui demande des lettres pour les chefs juifs de Damas. Alors, si Saul trouve des gens, des hommes ou des femmes, qui suivent le chemin de Jésus, il pourra les arrêter et les emmener à Jérusalem.

Saul est encore sur la route et il approche de Damas. Tout à coup, une lumière venue du ciel brille autour de lui. Il tombe par terre et il entend une voix qui lui dit : « Saul, Saul, pourquoi est-ce que tu me fais souffrir ? » Il demande : « Seigneur, qui es-tu ? » La voix répond : « Je suis Jésus, c'est moi que tu fais souffrir. Mais relève-toi et entre dans la ville, là, on te dira ce que tu dois faire. »

Les gens qui voyagent avec Saul se sont arrêtés. Ils n'osent pas dire un mot. Ils entendent la voix, mais ils ne voient personne. Saul se relève, il a les yeux ouverts, mais il est aveu-

gle. On le prend par la main pour le conduire à Damas. Et pendant trois jours, il reste aveugle, il ne mange rien et il ne boit rien.

À Damas, il y a un disciple appelé Ananias. Le Seigneur se montre à lui et lui dit : « Ananias ! » Ananias répond : « Oui, Seigneur, me voici ! » Le Seigneur lui dit : « Va tout de suite dans la rue Droite, entre dans la maison de Judas, et demande un certain Saul de Tarse. Il est en train de prier, et voici ce que je lui ai montré : un homme appelé Ananias est entré et il a posé les mains sur sa tête pour qu'il retrouve la vue. » Ananias répond : « Seigneur, j'ai entendu beaucoup de gens parler de cet homme. Je sais tout le mal qu'il a fait à tes disciples, à Jérusalem. Et les chefs des prêtres lui ont donné le pouvoir d'arrêter ici également tous ceux qui font appel à ton nom. » Mais le Seigneur dit à Ananias : « Va trouver cet homme. Je l'ai choisi et je vais me servir de lui. Il fera connaître mon nom aux peuples étrangers, à leurs rois et aussi au peuple d'Israël. Je lui montrerai moi-même tout ce qu'il doit souffrir à cause de mon nom. »

Ananias part et arrive dans la maison. Il pose les mains sur la tête de Saul en lui disant : « Saul, mon frère, c'est le Seigneur qui m'envoie. C'est ce Jésus qui s'est montré à toi sur la route où tu marchais. Il m'envoie pour que tu retrouves la vue et que tu sois rempli de l'Esprit Saint. » À ce moment-là, des sortes d'écailles tombent des yeux de Saul, et il retrouve la vue. Il se lève et il est baptisé. Puis il mange et il reprend des forces. Saul reste quelques jours avec les disciples à Damas.

Saul annonce la Bonne Nouvelle à Damas

Il se met aussitôt à annoncer dans les maisons de prière des Juifs : « Jésus est le Fils de Dieu ! » Tous ceux qui l'entendent sont très étonnés et ils disent : « Mais cet homme-là, c'est bien lui qui faisait souffrir à Jérusalem ceux qui prient au nom de Jésus ! Il est même venu ici pour arrêter les croyants et pour les amener aux chefs des prêtres ! »

Mais Saul parle avec encore plus d'assurance. Il prouve que Jésus est le Messie. Et les Juifs qui habitent Damas ne savent plus ce qu'il faut lui répondre.

Au bout d'un certain temps, ils décident de faire mourir Saul. Mais Saul apprend cela. Jour et nuit, on surveille les portes de la ville, pour le prendre et le faire mourir. Une nuit, les disciples de Saul le mettent dans un grand panier, et ils le font descendre de l'autre côté du mur de la ville.

Saul à Jérusalem

Quand Saul arrive à Jérusalem, il essaie d'entrer dans le groupe des disciples, mais tous ont peur de lui. En effet, personne ne croit que Saul est vraiment un disciple. Alors Barnabas le prend avec lui et il l'emmène voir les apôtres. Barnabas leur raconte ceci : « Sur la route, Saul a vu le Seigneur, et le Seigneur lui a parlé. À Damas, Saul a annoncé avec assurance la Bonne Nouvelle au nom de Jésus. » À partir de ce moment, Saul est avec les apôtres. Il va et vient avec eux dans Jérusalem, il annonce avec assurance la Bonne Nouvelle au nom du Seigneur. Il rencontre les Juifs qui parlent grec et discute avec eux, mais eux cherchent à le faire mourir. Quand les croyants apprennent cela, ils conduisent Saul à Césarée, puis ils le font partir pour Tarse.

À ce moment-là, l'Église est en paix, dans toute la Judée, la Galilée et la Samarie. Elle grandit et elle vit en respectant le Seigneur avec confiance. Avec l'aide de l'Esprit Saint, les croyants deviennent de plus en plus nombreux.

Manger ou ne pas manger

Un ange de Dieu se montre à Corneille

À Césarée, il y a un homme appelé Corneille. Il est officier dans le régiment romain appelé « régiment italien ». Avec toute sa famille, il adore Dieu fidèlement. Il aide beaucoup les pauvres du peuple juif et prie Dieu régulièrement. Un jour, vers trois heures de l'après-midi, un ange de Dieu se montre à lui, Corneille le voit clairement. L'ange entre chez lui et lui dit : « Corneille ! » Celui-ci regarde l'ange et il a peur. Il dit : « Qu'est-ce qu'il y a, Seigneur ? » L'ange lui répond : « Dieu a accepté tes prières et les dons que tu fais aux pauvres, il ne t'oublie pas. Maintenant, envoie des hommes à Joppé pour faire venir un certain Simon qu'on appelle aussi Pierre. Il habite chez un autre Simon, un artisan qui travaille le cuir. Sa maison est au bord de la mer. »

Ensuite, l'ange qui parlait à Corneille s'en va. Alors Corneille appelle deux serviteurs et un de ses soldats. Celui-ci est à son service depuis longtemps, et c'est un homme fidèle à Dieu. Corneille leur raconte tout ce qui s'est passé et il les envoie à Joppé.

L'Esprit Saint avertit Pierre

Le jour suivant, les serviteurs et le soldat sont en route et ils approchent de la ville de Joppé. Vers midi, Pierre monte sur la terrasse de la maison pour prier. Il commence à avoir faim et il veut manger. Pendant qu'on lui prépare un repas, Pierre voit quelque chose qui vient de Dieu. Il voit le ciel ouvert et un objet qui descend du ciel. Cet objet ressemble à une grande toile qu'on tient par les quatre coins. Elle vient se poser par terre. Dedans, il y a toutes sortes d'animaux : des animaux à quatre pattes, ceux qui rampent sur la terre et des oiseaux. Une voix dit : « Pierre, lève-toi ! Tue et mange ! » Pierre répond : « Non, Seigneur ! Je n'ai jamais mangé de nourriture interdite ou impure ! » Il entend la voix une deuxième fois. Elle lui dit : « Ce que Dieu a rendu pur, ne dis pas que c'est interdit ! » Cela se produit trois fois, et tout de suite après, l'objet est emporté dans le ciel.

Pierre ne sait pas ce qu'il faut en penser. Il se demande : « Que veut dire ce que j'ai vu ? » Pendant ce temps, les hommes envoyés par Corneille ont cherché la maison de Simon. Et maintenant, ils sont là, devant la porte. Ils appellent et demandent : « Est-ce que Simon-Pierre habite ici ? »

Pierre est toujours en train de réfléchir à ce qu'il a vu, mais l'Esprit Saint lui dit : « Il y a ici trois hommes qui te cherchent. Descends tout de suite et pars avec eux sans hésiter ! C'est moi qui les ai envoyés. » Pierre descend et dit aux hommes : « Vous cherchez quelqu'un ? C'est moi ! Pourquoi êtes-vous venus ? » Ils lui répondent : « Nous venons de la part de Corneille, un officier romain. C'est un homme droit qui adore Dieu, et tous les Juifs disent du bien de lui. Un ange de Dieu est venu lui donner ce conseil : « Fais venir Pierre dans ta maison et écoute ce qu'il va te dire. » » Alors Pierre fait entrer les trois hommes dans la maison et il les reçoit pour la nuit. Le jour suivant, Pierre part tout de suite avec les trois hommes. Quelques croyants de la ville de Joppé l'accompagnent.

ÉTUDE 8
Actes 10.24-28, 34-48 ; 11.19-26

Dieu n'a pas de favoris

Pierre va chez Corneille

Le lendemain, il arrive à Césarée. Corneille l'attend déjà, il a rassemblé les gens de sa famille et ses meilleurs amis. Au moment où Pierre arrive, Corneille vient à sa rencontre. Il se jette à ses pieds pour le saluer avec grand respect. Mais Pierre le relève en lui disant : « Lève-toi ! Je ne suis qu'un homme, moi aussi ! » Et tout en parlant avec Corneille, il entre dans la maison. Là, Pierre voit beaucoup de gens rassemblés. Il leur dit : « Vous le savez, un Juif n'a pas le droit d'être l'ami d'un étranger ni d'entrer dans sa maison. Mais Dieu vient de me montrer une chose : je ne dois pas penser qu'une personne est impure et qu'il faut l'éviter. Je suis venu sans hésiter quand vous m'avez appelé. Je voudrais donc savoir pourquoi vous m'avez fait venir. »

Pierre parle chez Corneille

Alors Pierre prend la parole et dit : « Maintenant, je comprends vraiment que Dieu accueille tout le monde. Si quelqu'un le respecte avec confiance et fait ce qui est juste, cette personne plaît à Dieu. C'est vrai dans tous les pays. Dieu a envoyé sa parole au peuple d'Israël : il lui a annoncé la Bonne Nouvelle de la paix par Jésus-Christ, qui est le Seigneur de tous. Tout a commencé après que Jean a lancé cet appel : « Faites-vous baptiser ! » Vous savez ce qui est arrivé, d'abord en Galilée, puis dans toute la Judée. Vous savez comment Dieu a répandu la puissance de l'Esprit Saint sur Jésus de Nazareth. Jésus est passé partout en faisant le bien. Il guérissait tous ceux qui étaient prisonniers de l'esprit du mal, parce que Dieu était avec lui.

L'Église d'Antioche de Syrie

Après la mort d'Étienne, on a commencé à faire souffrir les croyants, et ils sont partis de tous les côtés. Ils sont allés jusqu'en Phénicie, à Chypre et à Antioche, mais ils ont annoncé la parole de Dieu seulement aux Juifs. Pourtant, certains parmi eux, de Chypre et de Cyrène, viennent à Antioche, et ils annoncent la Bonne Nouvelle du Seigneur Jésus à des gens qui ne sont pas juifs. La puissance du Seigneur est avec eux, c'est pourquoi beaucoup deviennent croyants et se tournent vers le Seigneur.

Les membres de l'Église de Jérusalem apprennent cela, alors ils envoient Barnabas à Antioche. Barnabas arrive et il voit que Dieu montre son amour de mille manières aux croyants. Il en est très heureux, il les encourage tous à rester fidèles au Seigneur de tout leur cœur. En effet, Barnabas est un homme bon, rempli d'Esprit Saint et de foi. Un grand nombre de personnes s'unissent ainsi au Seigneur.

Ensuite, Barnabas part pour la ville de Tarse, il va chercher Saul. Il le trouve et l'emmène à Antioche de Syrie. Tous les deux passent une année entière dans cette Église. Ils enseignent beaucoup de monde. Et c'est à Antioche que, pour la première fois, les disciples sont appelés chrétiens.

Pierre est libéré de prison

Jacques est tué et Pierre est arrêté

À ce moment-là, le roi Hérode Agrippa Ier se met à faire du mal à certains membres de l'Église. Il fait tuer par des soldats Jacques, le frère de Jean. Il voit que cela plaît aux Juifs, alors il fait aussi arrêter Pierre. C'est au moment de la fête des Pains sans levain. Hérode fait donc arrêter Pierre et le met en prison. Il commande à quatre groupes de quatre soldats de le garder. Il veut le faire juger devant le peuple après la fête de la Pâque. Les soldats gardent Pierre dans la prison, mais les membres de l'Église prient sans cesse Dieu pour lui.

L'ange du Seigneur fait sortir Pierre de prison

Hérode est sur le point de faire juger Pierre devant le peuple. La nuit avant le jugement, Pierre est en train de dormir entre deux soldats. Il est attaché avec deux chaînes, et des gardiens sont devant la porte pour le surveiller. Tout à coup, l'ange du Seigneur est là, une lumière brille dans la cellule de la prison. L'ange réveille Pierre en lui touchant le côté. Il lui dit : « Lève-toi vite ! » Alors les chaînes tombent de ses mains.

L'ange lui dit : « Mets ta ceinture et attache tes sandales. » Pierre obéit. L'ange lui dit : « Mets ton vêtement de dessus et suis-moi. »

Pierre sort de la cellule et le suit. Il pense que tout cela n'est pas réel, il croit rêver. Pierre et l'ange passent devant le premier groupe de soldats, puis devant le deuxième groupe. Ils arrivent à une porte en fer qui donne sur la ville. La porte s'ouvre toute seule devant eux et ils sortent. Ils vont au bout de la rue, et tout à coup, l'ange quitte Pierre. Alors Pierre se rend compte de ce qui est arrivé et il dit : « Maintenant, je vois bien que c'est vrai : le Seigneur a envoyé son ange et il m'a délivré du pouvoir d'Hérode. Il m'a protégé aussi de tout le mal que le peuple juif voulait me faire. »

Quand Pierre comprend cela, il va à la maison de Marie, la mère de Jean, celui qu'on appelle aussi Marc. Là, beaucoup de croyants sont réunis et ils prient. Pierre frappe à la porte d'entrée. Une servante, appelée Rhode, vient répondre. Elle reconnaît la voix de Pierre et elle est tellement contente qu'elle ne pense pas à ouvrir la porte. Elle court annoncer aux autres : « Pierre est là, devant la porte ! » Les autres lui disent : « Tu es folle ! » Mais elle insiste : « Il est là, c'est vrai ! » Ils lui disent : « Alors, c'est son double ! »

Pierre continue à frapper. Enfin, ils ouvrent la porte, ils voient Pierre et sont très étonnés. De la main, Pierre leur fait signe de se taire. Il leur raconte comment le Seigneur l'a fait sortir de prison. Il leur dit encore : « Annoncez cela à Jacques et aux autres chrétiens. » Puis il sort et s'en va ailleurs.

Quand il fait jour, il y a une grande agitation parmi les soldats, ils se demandent ce que Pierre est devenu. Hérode le fait chercher partout, mais on ne le trouve pas. Alors il interroge les soldats qui le gardaient, et il commande de les faire mourir. Ensuite, Hérode quitte la Judée, il va à Césarée où il reste un certain temps.

L'Esprit Saint choisit Barnabas et Saul

Dans l'Église d'Antioche de Syrie, il y a des prophètes et des hommes qui enseignent.

Ce sont Barnabas, Siméon appelé le Noir, Lucius de Cyrène, Manaën, qui a été élevé avec Hérode Antipas, et enfin Saul. Un jour, ils sont réunis pour prier le Seigneur et ils jeûnent. Alors l'Esprit Saint leur dit : « Mettez à part Barnabas et Saul pour faire le travail que je vais leur demander. »

Ils continuent à jeûner et à prier. Ensuite, ils posent les mains sur la tête de Barnabas et de Saul et ils les laissent partir.

Barnabas et Saul vont à Chypre

Donc, l'Esprit Saint envoie Barnabas et Saul. Ils vont à Séleucie et, de là, ils prennent le bateau pour l'île de Chypre. Ils arrivent à Salamine et ils annoncent la parole de Dieu dans les maisons de prière des Juifs. Jean-Marc est avec eux pour les aider.

Ils traversent toute l'île et arrivent à Paphos. Là, ils rencontrent un Juif appelé Bar-Jésus. Celui-ci pratique la magie et veut faire croire qu'il est prophète. Il vit dans le palais du gouverneur Sergius Paulus. Ce gouverneur est un homme intelligent. Il fait venir Barnabas et Saul, parce qu'il veut entendre la parole de Dieu. Mais Élymas (c'est le nom grec du magicien) est contre Barnabas et Saul, il ne veut pas que le gouverneur devienne croyant. Saul, appelé aussi Paul, est rempli de l'Esprit Saint. Alors il regarde Élymas et lui dit : « Espèce de menteur, tu trompes tout le monde ! Fils de Satan, tu es contre tout ce qui est bon ! La volonté du Seigneur est droite et toi, tu la rends toute tordue ! Est-ce que tu vas arrêter ? Maintenant, écoute, tu vas devenir aveugle. Pendant un certain temps, tu ne verras plus la lumière du soleil. » Aussitôt, tout devient sombre pour Élymas, il est dans la nuit, il tourne en rond, il cherche quelqu'un pour le conduire par la main. Le gouverneur voit ce qui est arrivé et devient croyant. En effet, l'enseignement au sujet du Seigneur l'a touché profondément.

ÉTUDE 10
Actes 14.26-28 ; 15.1-12, 22-41

Le Concile de Jérusalem

Paul et Barnabas retournent à Antioche de Syrie

De là, ils prennent le bateau pour retourner à Antioche de Syrie. C'est dans cette ville qu'on les avait confiés au Dieu d'amour pour le travail qu'ils viennent de faire.

En arrivant à Antioche de Syrie, Paul et Barnabas réunissent les membres de l'Église. Ils leur disent tout ce que Dieu a fait avec eux. Ils leur racontent comment Dieu a ouvert la porte de la foi à ceux qui ne sont pas juifs. Paul et Barnabas restent assez longtemps avec les disciples.

Discussion sur la circoncision à Antioche de Syrie

Quelques hommes de Judée viennent à Antioche de Syrie. Voici ce qu'ils enseignent aux frères : « Vous devez vous faire circoncire, comme la loi de Moïse le commande, sinon vous ne pouvez pas être sauvés. » Paul et Barnabas ne sont pas d'accord avec ces hommes et ils discutent vivement avec eux. Alors on décide ceci : Paul, Barnabas et quelques autres vont aller à Jérusalem. Ils parleront de cette affaire avec les apôtres et les anciens.

Donc, l'Église d'Antioche leur donne ce qu'il faut pour le voyage. Ils traversent la Phénicie et la Samarie, ils racontent comment ceux qui ne sont pas juifs se sont tournés vers le Seigneur. Et cela donne une grande joie à tous les croyants. Les envoyés arrivent à Jérusalem. Ils sont reçus par l'Église, les apôtres et les anciens, et ils leur racontent tout ce que Dieu a fait avec eux.

Une décision est prise à Jérusalem

Mais quelques Pharisiens qui sont devenus croyants se mettent à dire : « Il faut circoncire les croyants qui ne sont pas juifs et leur commander d'obéir à la loi de Moïse. »

Les apôtres et les anciens se réunissent pour examiner cette affaire. Ils discutent beaucoup, alors Pierre prend la parole et dit : « Frères, vous le savez, Dieu m'a choisi parmi vous depuis longtemps, pour que j'annonce la Bonne Nouvelle aux non-Juifs. Ainsi, ils l'entendront et deviendront croyants. Dieu connaît le cœur des gens. Il a montré qu'il accueillait ceux qui ne sont pas juifs. En effet, il leur a donné l'Esprit Saint comme à nous. Dieu n'a pas fait de différence entre eux et nous. Il a rendu leur cœur pur parce qu'ils ont cru. Donc, maintenant, pourquoi est-ce que vous voulez provoquer Dieu ? Vous voulez mettre sur les épaules des disciples un poids que nos ancêtres n'ont pas pu porter, et nous non plus ! Au contraire, nous sommes sauvés par l'amour du Seigneur Jésus, exactement comme eux ! Voilà ce que nous croyons. »

Tous ceux qui sont réunis là se taisent. Ensuite, on écoute Barnabas et Paul, ils racontent toutes les choses étonnantes et extraordinaires que Dieu a faites par eux chez ceux qui ne sont pas juifs.

Les apôtres et les anciens envoient une lettre aux croyants d'Antioche de Syrie

Alors les apôtres et les anciens, avec toute l'Église, décident de choisir parmi eux des délégués. Ils vont les envoyer à Antioche de Syrie avec Paul et Barnabas. Ils choisissent Jude, appelé aussi Barsabas, et Silas, des hommes qui ont de l'autorité parmi les frères. Ils leur confient cette lettre : « Les apôtres et les anciens saluent les croyants qui ne sont pas juifs et qui vivent à Antioche et dans les provinces de Syrie et de Cilicie. Nous avons appris ceci : Des gens de chez nous sont venus vous troubler et vous inquiéter par leurs paroles, mais nous ne leur avions pas demandé de le faire. C'est pourquoi nous avons décidé tous ensemble de choisir des délégués et de vous les envoyer. Ils accompagnent nos chers amis Barnabas et Paul, qui ont livré leur vie au service de notre Seigneur Jésus-Christ. Donc, nous vous envoyons Jude et Silas, ils vont vous dire directement ce que nous vous écrivons dans cette lettre. En effet, l'Esprit Saint et nous-mêmes avons décidé de ne pas vous charger davantage. Mais vous devez obéir aux commandements suivants, qui sont obligatoires : Ne mangez pas la viande qu'on a offerte aux faux dieux, elle est impure. Ne mangez pas de viande qui contient encore du sang. Respectez les lois du mariage. Si vous obéissez à cela, vous agirez très bien. Nous vous saluons fraternellement. »

On laisse partir Paul, Barnabas, Jude et Silas. Ils vont à Antioche de Syrie. Là, ils réunissent le groupe des croyants et ils leur donnent la lettre. On en fait la lecture, et tous sont remplis de joie parce qu'elle les encourage. Jude et Silas, qui sont prophètes, parlent beaucoup aux croyants pour les encourager et les rendre plus forts. Ils restent un certain temps à Antioche de Syrie. Ensuite, les croyants les laissent partir en leur souhaitant bon voyage. Jude et Silas retournent vers ceux qui les ont envoyés.

Paul et Barnabas restent à Antioche. Avec beaucoup d'autres, ils enseignent et annoncent la parole du Seigneur.

Paul et Barnabas se séparent

Après un certain temps, Paul dit à Barnabas : « Retournons visiter les croyants dans toutes les villes où nous avons annoncé la parole du Seigneur. Nous verrons comment ils vont. »

Barnabas veut emmener avec eux Jean, appelé aussi Marc, mais Paul pense qu'il ne faut pas le faire. En effet, Jean-Marc les a quittés en Pamphylie et il ne les a plus accompagnés dans leur travail. Paul et Barnabas ne sont pas du tout d'accord et ils finissent par se séparer. Barnabas emmène Jean-Marc et prend le bateau pour Chypre, Paul choisit Silas. Les croyants confient Paul à l'amour du Seigneur, et il s'en va. Il traverse la Syrie et la Cilicie, en encourageant les Églises.

ÉTUDE 11
Actes 16.6-40

Le témoignage de Paul à Philippes

Paul est appelé en Macédoine

L'Esprit Saint empêche Paul et Silas d'annoncer la parole de Dieu dans la province d'Asie. Alors ils traversent la Phrygie et la Galatie, ils arrivent près de la Mysie et essaient d'aller en Bithynie. Mais l'Esprit de Jésus ne leur permet pas d'y aller. C'est pourquoi ils traversent la Mysie et vont au port de Troas. Une nuit, Paul voit en rêve un homme de Macédoine qui est debout. Il demande à Paul avec force : « Passe en Macédoine et viens nous aider ! » Tout de suite après cela, nous cherchons à aller en Macédoine. Nous sommes sûrs que Dieu nous appelle à annoncer la Bonne Nouvelle là-bas.

À Philippes, Lydie croit au Seigneur

Nous prenons le bateau à Troas et nous allons directement vers l'île de Samothrace. Le jour suivant, nous partons pour Néapolis et, de là, nous allons à Philippes. C'est la ville la plus importante de la région de Macédoine et c'est une colonie romaine. Nous restons là quelque temps. Le jour du sabbat, nous sortons de la ville pour aller près d'une rivière. En effet, nous pensons : « Là, il y a sûrement un lieu de prière pour les Juifs. » Nous nous asseyons et nous parlons avec les femmes qui sont réunies à cet endroit. L'une d'elles s'appelle Lydie, elle est née à Thyatire. C'est une marchande de très beaux tissus rouges et elle adore Dieu. Cette femme nous écoute, et le Seigneur ouvre son cœur pour qu'elle soit attentive aux paroles de Paul. Elle reçoit le baptême avec toute sa famille puis elle nous invite en disant : « Si vous pensez que je crois vraiment au Seigneur, venez habiter chez moi ! » Et elle nous oblige à accepter.

Paul et Silas en prison à Philippes

Un jour, nous allons au lieu de prière. Une servante vient à notre rencontre, il y a en elle un esprit qui lui permet de dire l'avenir. Elle raconte aux gens ce qui va leur arriver. De cette façon, ses maîtres gagnent beaucoup d'argent. Elle se met à nous suivre, Paul et nous, en criant : « Ces hommes sont les serviteurs du Dieu très-haut ! Ils vous montrent le chemin pour être sauvés. » La servante fait cela pendant plusieurs jours. À la fin, Paul se met en colère, il se retourne et commande à l'esprit : « Au nom de Jésus-Christ, sors de cette femme ! » Et l'esprit sort tout de suite. Les maîtres de la servante voient qu'ils ne peuvent plus se servir d'elle pour gagner de l'argent. Alors ils arrêtent Paul et Silas et ils les traînent sur la place de la ville, devant les autorités. Ils les amènent aux juges romains en disant : « Ces hommes font de l'agitation dans notre ville. Ils sont juifs et ils enseignent de nouvelles coutumes. Mais nous, les Romains, nous n'avons pas le droit de les accepter ni de les suivre. »

La foule se met en colère contre Paul et Silas. Les juges romains font arracher les vêtements des deux hommes et ils commandent qu'on les frappe à coups de fouet. Quand on les a bien frappés, on les jette en prison et on commande au gardien de les surveiller avec soin. Dès que le gardien reçoit cet ordre, il les met au fond de la prison et il fixe leurs pieds dans des blocs de bois.

Vers minuit, Paul et Silas sont en train de prier et de chanter la louange de Dieu. Les autres prisonniers les écoutent. Tout à coup, il y a un violent tremblement de terre. Les murs de la prison se mettent à bouger, aussitôt, toutes les portes s'ouvrent et les chaînes de tous les prisonniers tombent. Le gardien se réveille, il voit que les portes de la prison sont ouvertes, alors il prend son arme et veut se tuer. En effet, il pense que les prisonniers se sont échappés. Mais Paul crie de toutes ses forces : « Ne te fais pas de mal ! Nous sommes tous là ! »

Le gardien demande de la lumière. Il se précipite à l'intérieur de la cellule, il tremble de peur et se jette aux pieds de Paul et de Silas. Ensuite, il les fait sortir et leur demande : « Messieurs, qu'est-ce que je dois faire pour être sauvé ? » Ils lui répondent : « Crois au Seigneur Jésus, alors tu seras sauvé, toi et ta famille. » Ils lui annoncent la parole du Seigneur, à lui et à tous ceux qui vivent dans sa maison. Au même moment, en pleine nuit, le gardien emmène Paul et Silas et lave leurs blessures. Aussitôt, il reçoit le baptême, lui et toute sa famille.

Il fait monter Paul et Silas dans sa maison et leur offre à manger. Avec toute sa famille, il est rempli de joie, parce qu'il a cru en Dieu. Quand il fait jour, les juges romains envoient des gardes pour dire au gardien : « Libère ces hommes ! » Le gardien vient annoncer à Paul : « Les juges m'ont commandé de vous libérer. Vous pouvez donc sortir et aller en paix ! » Mais Paul dit aux gardes : « Ils ne nous ont pas jugés et ils nous ont fait battre à coups de fouet devant tout le monde ! Pourtant, nous sommes citoyens romains ! Ensuite, ils nous ont jetés en prison, et maintenant, ils veulent nous faire sortir en secret ? Eh bien non, ils doivent venir eux-mêmes nous libérer ! »

Les gardes vont raconter tout cela aux juges romains. Les juges ont peur en apprenant que Paul et Silas sont citoyens romains. Ils viennent s'excuser, puis ils les font sortir de prison et leur demandent de quitter la ville. Paul et Silas sortent de prison et vont chez Lydie. Ils rencontrent les frères et sœurs chrétiens, ils les encouragent et ils partent.

ÉTUDE 12
Actes 17.1-34

De nouveau sur la route

Paul et Silas à Thessalonique

Paul et Silas passent par Amphipolis et Apollonie et ils arrivent à Thessalonique. Là, il y a une maison de prière juive. Paul va y rencontrer les Juifs selon son habitude, et pendant trois sabbats, il discute avec eux. À partir des Livres Saints, il explique et montre

ceci : « Le Messie devait souffrir et se relever de la mort. Et le Messie, c'est Jésus que je vous annonce. »

Quelques Juifs sont touchés par ces paroles et ils vont avec Paul et Silas. Beaucoup de Grecs qui adorent Dieu vont aussi avec eux ainsi qu'un certain nombre de femmes qui appartiennent à des familles de notables. Mais d'autres Juifs sont très jaloux de cela. Ils prennent avec eux des voyous qu'ils ont trouvés dans les rues. Ils rassemblent la foule et font de l'agitation dans la ville. Ils vont à la maison de Jason pour y chercher Paul et Silas. En effet, ils veulent les amener devant le peuple. Mais ils ne les trouvent pas, ils traînent donc Jason et quelques chrétiens devant les juges de la ville. Et ils se mettent à crier : « Ces hommes ont fait de l'agitation dans le monde entier, et maintenant, ils sont ici. Jason les a reçus chez lui. Tous ces gens-là agissent contre les lois de l'empereur, ils disent qu'il y a un autre roi, Jésus. »

Ces paroles frappent beaucoup la foule et les juges. Alors Jason et les autres chrétiens doivent payer une forte somme d'argent, puis les juges les libèrent.

Paul et Silas à Bérée

Dès qu'il fait nuit, les chrétiens font partir Paul et Silas pour Bérée. Les deux hommes arrivent dans cette ville et vont à la maison de prière des Juifs. Les Juifs de Bérée sont plus accueillants que ceux de Thessalonique. Ils reçoivent la parole de Dieu avec beaucoup d'intérêt. Chaque jour, ils étudient les Livres Saints pour voir si les paroles de Paul sont exactes. Beaucoup d'entre eux deviennent croyants. Parmi les Grecs, des femmes de rang élevé et un certain nombre d'hommes deviennent croyants également. Mais les Juifs de Thessalonique apprennent que Paul annonce aussi la parole de Dieu à Bérée. Alors ils viennent dans cette ville pour troubler et exciter les gens. Aussitôt, les chrétiens font partir Paul en direction de la mer, mais Silas et Timothée restent à Bérée. Ceux qui conduisent Paul l'amènent jusqu'à Athènes. Ensuite, ils repartent et ils vont dire à Silas et à Timothée : « Paul vous demande de venir le rejoindre le plus vite possible. »

Paul à Athènes

Paul attend Silas et Timothée à Athènes. Il voit que, dans la ville, on adore beaucoup de faux dieux. C'est pourquoi il est vraiment triste. Dans la maison de prière, il discute avec des Juifs et avec d'autres gens qui adorent Dieu. Et, sur la place de la ville, il discute tous les jours avec ceux qui passent. Il y a même des maîtres épicuriens et stoïciens qui parlent avec lui. Les uns disent : « C'est un bavard ! Qu'est-ce qu'il veut dire ? » D'autres disent : « Il a l'air d'annoncer des dieux étrangers. » En effet, Paul annonce la Bonne Nouvelle de Jésus. Il annonce aussi que les morts se relèveront.

Ils emmènent donc Paul avec eux. Ils le conduisent devant le Conseil de la ville et lui disent : « Est-ce que nous pouvons connaître ce nouvel enseignement que tu donnes ? Tu nous parles sans cesse de choses étranges, et nous voudrions savoir ce que cela veut dire. » En effet, tous les Athéniens et les étrangers qui habitent à Athènes passent leur temps à raconter ou à écouter les idées nouvelles.

Alors Paul, debout devant le Conseil de la ville, se met à dire : « Athéniens, je vois que vous êtes des gens très religieux, en toutes choses. En passant dans vos rues, j'ai regardé vos monuments sacrés. J'ai même vu un autel où ces mots sont écrits : « Au dieu inconnu. » Eh bien, moi, je viens vous annoncer ce que vous adorez sans le connaître. Le Dieu qui a fait le monde et tout ce qu'il contient, c'est le Seigneur du ciel et de la terre. Il n'habite pas dans des temples construits par les hommes. Il n'a pas besoin qu'on le fasse vivre, rien ne lui manque. En effet, c'est lui qui donne à tous la vie, le souffle et tout le reste. À partir d'un seul homme, il a créé tous les peuples pour qu'ils habitent sur toute la terre. Il a tracé les limites de leurs pays, il a fixé le moment des saisons. Dieu a fait cela pour que les gens le cherchent. Même s'ils ont des difficultés pour le chercher, ils vont peut-être le trouver. En réalité, il n'est pas loin de chacun de nous. C'est par lui que nous vivons, que nous nous déplaçons et que nous avons la vie. Certains de vos poètes l'ont déjà dit : « Oui, nous sommes ses enfants. »

« Ainsi, nous sommes les enfants de Dieu. Donc, nous ne devons pas penser que Dieu ressemble à des statues d'or, d'argent ou de pierre que les gens ont fabriquées ou imaginées. Les humains ont fabriqué ces choses parce qu'ils ne connaissaient pas Dieu. Mais Dieu ne tient plus compte de ce temps-là. Maintenant, il appelle tous les habitants de tous les pays à changer leur vie. En effet, Dieu a fixé un jour où il va juger le monde entier avec justice. Il a choisi un homme pour cela et il l'a relevé de la mort. De cette façon, Dieu a montré à tous que cet homme était bien le juge qu'il avait choisi. »

Quand les Grecs entendent dire que Dieu peut relever quelqu'un de la mort, les uns se moquent de Paul, les autres disent : « Nous t'écouterons parler de cela une autre fois ! »

Alors Paul les quitte. Pourtant, quelques-uns vont avec lui et deviennent croyants. Parmi eux, il y a Denys, du Conseil d'Athènes, une femme appelée Damaris et d'autres encore.

ÉTUDE 13
Actes 18.1-11, 18-28

Enseignement et prédication

Paul à Corinthe

Après cela, Paul part d'Athènes et va à Corinthe. Là, il rencontre un Juif appelé Aquilas qui est né dans la région du Pont. Il vient d'arriver d'Italie avec sa femme Priscille. En effet, l'empereur Claude a donné l'ordre à tous les Juifs de quitter Rome. Paul va chez Aquilas et Priscille. Il a le même métier qu'eux : ils fabriquent des tentes. C'est pourquoi Paul reste chez eux, et ils travaillent ensemble. Chaque sabbat, Paul discute dans la maison de prière et il essaie de persuader les Juifs et les non-Juifs.

Quand Silas et Timothée arrivent de Macédoine, Paul passe tout son temps à annoncer la parole de Dieu. Il explique aux Juifs que Jésus est le Messie, mais ils sont contre Paul et l'insultent. Alors Paul secoue ses vêtements et leur dit : « Ce qui va vous arriver, ce sera de votre faute, moi, je n'en suis pas responsable ! À partir de maintenant, j'irai vers ceux qui ne sont pas juifs. »

Paul sort de la maison de prière. Il va chez un certain Titius Justus, un homme qui adore Dieu. Il habite à côté de la maison de prière. Crispus, le chef de la maison de prière, se met à croire au Seigneur, avec toute sa famille. Beaucoup de Corinthiens deviennent croyants en écoutant Paul et ils reçoivent le baptême.

Une nuit, le Seigneur se montre à Paul et lui dit : « N'aie pas peur, continue à parler, ne te tais pas ! Oui, je suis avec toi, et personne ne pourra t'arrêter pour te faire du mal. En effet, dans cette ville, les gens qui m'appartiennent sont nombreux. » Paul reste à Corinthe pendant un an et demi. Il enseigne aux gens la parole de Dieu.

Paul retourne à Antioche de Syrie

Paul reste encore assez longtemps à Corinthe, ensuite, il quitte les chrétiens. Il prend le bateau pour la Syrie, avec Priscille et Aquilas. Avant cela, il s'est fait raser la tête à Cencrées parce qu'il a fait un vœu. Ils arrivent à Éphèse, c'est là que Paul laisse Priscille et Aquilas. Il va à la maison de prière et discute avec les Juifs. Ceux-ci lui demandent : « Reste encore avec nous ! » Mais Paul ne veut pas, il les quitte en leur disant : « Je reviendrai chez vous une autre fois, si Dieu le veut. » Ensuite, il part d'Éphèse en bateau. Paul arrive à Césarée. Il va d'abord à Jérusalem pour saluer l'Église, puis il part pour Antioche de Syrie. Il reste un certain temps dans cette ville puis il repart. Il traverse la Galatie et la Phrygie et il encourage tous les disciples.

Apollos à Éphèse et à Corinthe

Un Juif, né à Alexandrie, arrive à Éphèse. Son nom est Apollos. Il parle bien et connaît parfaitement les Livres Saints. On lui a appris à suivre le chemin du Seigneur. Avec beaucoup d'ardeur, il annonce et enseigne exactement la Bonne Nouvelle de Jésus, mais il connaît seulement le baptême de Jean. Il se met donc à parler avec assurance dans la maison de prière des Juifs. Quand Priscille et Aquilas l'entendent, ils le prennent chez eux et lui enseignent plus exactement encore le chemin du Seigneur. Apollos veut aller en Akaïe. Les chrétiens l'encouragent à partir. Ils écrivent une lettre aux disciples de là-bas, pour leur dire de bien recevoir Apollos. Quand il arrive, il est très utile aux croyants, parce que Dieu le soutient. En effet, devant tout le monde, il parle si bien que les Juifs ne trouvent rien à lui répondre. Il se sert des Livres Saints pour prouver que Jésus est le Messie.

ÉTUDE 14
Actes 19.1-12, 23-41 ; 20.7-12

Les Émeutes et Miracles

Paul à Éphèse

Pendant qu'Apollos est à Corinthe, Paul traverse la région des montagnes et il arrive à Éphèse. Là, il trouve quelques disciples et leur demande : « Quand vous êtes devenus croyants, est-ce que vous avez reçu l'Esprit Saint ? » Ils répondent : « Mais nous n'avons même pas entendu dire qu'il y a un Esprit Saint ! » Paul leur demande : « Quel baptême avez-vous reçu ? » Ils répondent : « Le baptême de Jean. » Paul leur dit : « Jean a baptisé ceux qui voulaient changer leur vie. Et il disait au peuple : « Croyez en celui qui va venir après moi, c'est-à-dire en Jésus ! » »

Quand les croyants d'Éphèse entendent cela, ils se font baptiser au nom du Seigneur Jésus. Paul pose les mains sur leur tête et ils reçoivent l'Esprit Saint. Alors ils se mettent à s'exprimer en langues inconnues et à parler au nom de Dieu. Ces hommes sont une douzaine.

Paul va à la maison de prière des Juifs et là, pendant trois mois, il parle avec assurance. Il annonce le Royaume de Dieu et il essaie de persuader ceux qui l'écoutent. Mais certains ne veulent rien entendre et refusent de croire, ils se moquent de cet enseignement devant tout le monde. Alors Paul les quitte, il emmène avec lui les disciples et, tous les jours, il discute avec eux dans l'école de Tyrannus. Cela dure deux ans. Ainsi, tous ceux qui vivent dans la province d'Asie, les Juifs et les non-Juifs, peuvent entendre la parole du Seigneur.

Les fils de Skéva

Dieu fait des actions extraordinaires par l'intermédiaire de Paul. Alors on apporte aux malades des linges et des mouchoirs qui ont touché son corps. Les malades sont débarrassés de leurs maladies et les esprits mauvais s'en vont.

À ce moment-là, il y a une grande agitation à cause du chemin du Seigneur. En effet, un bijoutier, appelé Démétrius, fabrique des petits temples en argent de la déesse Artémis. Pour ce travail, il donne aux artisans un bon salaire. Alors Démétrius réunit les artisans et tous ceux qui vivent de ce métier. Il leur dit : « Mes amis, vous le savez, c'est grâce à ce travail que nous vivons bien. Mais ce Paul dit que les dieux fabriqués par les hommes ne sont pas des dieux. Et il a réussi à en persuader beaucoup de gens, non seulement ici, mais dans presque toute la province d'Asie. Vous avez entendu parler de tout cela et vous le constatez. Cela risque de faire du tort à notre métier. De plus, le temple de la grande déesse Artémis va peut-être perdre de son importance. On ne dira plus : « Artémis est une grande déesse ! » Pourtant, tout le monde l'adore dans la province d'Asie et sur la terre entière. » Quand les gens entendent cela, ils se mettent en colère et ils crient : « C'est une grande déesse, l'Artémis des Éphésiens ! » Alors l'agitation se répand dans toute la ville, et tout le monde se précipite au théâtre public. On entraîne aussi Gaïus et Aristarque, deux Macédoniens qui accompagnent Paul dans son voyage. Paul veut se présenter devant la foule, mais les disciples l'empêchent de le faire. Quelques fonctionnaires importants de la province d'Asie sont des amis de Paul. Ils lui envoient des gens pour lui donner ce même conseil : « Ne te montre pas au théâtre ! » Pendant ce temps, dans la foule, il y a beaucoup de bruit et d'agitation. Les uns crient une chose, les autres en crient une autre, et la plupart des gens ne savent même pas pourquoi ils sont rassemblés. Les Juifs poussent au premier rang un certain Alexandre, et quelques-uns lui expliquent ce qui se passe. Alors Alexandre lève la main, il veut parler à la foule. Mais on apprend qu'il est juif, alors, pendant à peu près deux heures, tout le monde crie d'une seule voix : « C'est une grande déesse, l'Artémis des Éphésiens ! » Enfin, le secrétaire de la ville réussit à calmer la foule et il dit : « Éphésiens, tout le monde le sait, la ville d'Éphèse est chargée de protéger le temple de la grande déesse Artémis ainsi que sa statue tombée du ciel. Personne ne peut dire le contraire. Donc, vous devez vous calmer et réfléchir avant d'agir. Vous avez amené ces hommes ici, pourtant ils n'ont rien fait de mal contre le temple et ils n'ont pas insulté notre déesse. Démétrius et ses artisans veulent peut-être accuser quelqu'un. Eh bien, il existe des juges et il y a des jours où le tribunal est ouvert. Allez donc devant les juges ! Si vous avez quelque chose d'autre à demander, on verra cela à l'assemblée qui applique la loi. En effet, nous risquons d'être accusés de révolte à cause de ce qui s'est passé aujourd'hui. Nous ne pouvons donner aucune raison pour expliquer ce rassemblement. » Quand le secrétaire a fini de parler, il renvoie les gens chez eux.

Paul à Troas

Le samedi soir, nous sommes réunis pour partager le pain. Paul prend la parole devant les frères et les sœurs chrétiens. Puisqu'il doit partir le jour suivant, il continue à parler jusqu'à minuit. Nous sommes réunis dans la pièce qui est en haut de la maison. Là, il y a beaucoup de lampes allumées. Un jeune homme, appelé Eutyque, est assis sur le bord de la fenêtre. Paul continue à parler longtemps. Eutyque s'endort profondément. Pris par le sommeil, il tombe du troisième étage et, quand on veut le relever, il est déjà mort. Alors Paul descend, il se penche sur lui et le prend dans ses bras en disant : « Ne soyez pas inquiets, il est vivant ! »

Ensuite Paul remonte, il partage le pain et mange. Il parle encore longtemps jusqu'au lever du soleil, puis il s'en va. Après cela, on emmène le garçon bien vivant, et tous sont vraiment consolés.

ÉTUDE 15
Actes 20.17-24, 32-38 ; 21.17-19

La course incroyable de Paul

Paul dit adieu aux anciens d'Éphèse

De Milet, Paul envoie des gens à Éphèse pour faire venir les anciens de l'Église. Quand ils sont auprès de lui, Paul leur dit : « Vous savez comment j'ai vécu avec vous, depuis le premier jour où je suis arrivé dans la province d'Asie. J'ai servi le Seigneur sans orgueil, en pleurant et en souffrant parce que certains Juifs me voulaient du mal. Tout ce qui pouvait vous être utile, je vous l'ai dit. Devant tout le monde et dans vos maisons, je vous ai annoncé la parole de Dieu, je vous l'ai enseignée. J'ai appelé les Juifs et aussi les non-Juifs à se tourner vers Dieu et à croire en notre Seigneur Jésus, et maintenant, je vais à Jérusalem. C'est l'Esprit Saint qui m'oblige à faire cela. Je ne sais pas ce qui va m'arriver là-bas. Mais en tout cas, dans chaque ville, l'Esprit Saint me dit que je vais souffrir et aller en prison. Pour moi, ma vie ne compte pas. Ce que je veux, c'est aller jusqu'au bout de ma mission. Je veux faire tout ce que le Seigneur Jésus m'a demandé, c'est-à-dire rendre témoignage à la Bonne Nouvelle de l'amour de Dieu.

« Maintenant, je vous confie à Dieu et à sa parole d'amour. Cette parole a le pouvoir de construire votre communauté. Par elle aussi, Dieu peut donner les bienfaits qu'il réserve à ceux qui lui appartiennent. Je n'ai désiré ni l'argent, ni l'or, ni les vêtements de personne. Vous le savez vous-mêmes : j'ai travaillé de mes mains pour gagner ma vie et la vie de ceux qui m'accompagnent. Je vous l'ai toujours montré : il faut travailler de cette façon pour aider les pauvres. Et il faut se rappeler ce que le Seigneur Jésus lui-même a dit : « Il y a plus de bonheur à donner qu'à recevoir. »

Quand Paul a fini de parler, il se met à genoux et prie avec tous. Alors tous se mettent à pleurer, ils se jettent dans les bras de Paul et l'embrassent. Ils sont surtout tristes parce qu'il a dit : « Vous ne verrez plus mon visage. » Ensuite, ils l'accompagnent jusqu'au bateau.

Paul rencontre les anciens de Jérusalem

Quand nous arrivons à Jérusalem, les frères nous reçoivent avec joie. Le jour suivant, Paul vient avec nous chez Jacques. Là, tous les anciens de l'Église sont réunis. Paul les salue puis il raconte en détail tout ce que Dieu a fait chez les non-Juifs en se servant de lui.

ÉTUDE 16
Actes 21.27—22.3, 17-29

C'est mon histoire

Paul est arrêté dans le temple

Les sept jours de la purification sont presque finis. Des Juifs de la province d'Asie voient Paul dans le temple, ils excitent toute la foule et ils arrêtent Paul. Ils crient : « Gens d'Israël, au secours ! Le voilà, l'homme qui donne partout et à tout le monde un enseignement contre notre peuple, contre notre loi et contre ce temple ! Il a même fait entrer des non-Juifs ici, et il a rendu impur ce lieu saint. » En effet, à Jérusalem, les Juifs ont vu Trophime d'Éphèse qui accompagnait Paul, et ils pensent que Paul l'a fait entrer dans le temple.

Il y a de l'agitation dans toute la ville, et le peuple arrive en foule. Ils arrêtent Paul et l'entraînent en dehors du temple. Tout de suite après, on ferme ses portes. Les gens cherchent à tuer Paul, mais le commandant des soldats romains apprend que l'agitation s'est répandue dans toute la ville de Jérusalem. Il prend immédiatement avec lui des soldats et des officiers et il court vers la foule. Quand les gens voient le commandant et les soldats, ils cessent de frapper Paul. Alors le commandant s'approche, il fait arrêter Paul et il donne l'ordre de l'attacher avec deux chaînes. Puis il demande : « Qui est cet homme ? Qu'est-ce qu'il a fait ? » Mais dans la foule, les uns crient une chose, les autres en crient une autre. Comme le commandant ne peut rien apprendre de sûr à cause du bruit, il donne l'ordre d'emmener Paul dans la caserne. Quand Paul arrive près de l'escalier, les soldats doivent le porter, parce que la foule est très violente. En effet, tout le peuple le suit en criant : « À mort ! »

Paul s'adresse à ses frères juifs

Au moment où on va faire entrer Paul dans la caserne, il dit au commandant : « Est-ce que je peux dire un mot ? » Le commandant répond : « Tu sais le grec ? Donc, tu n'es pas l'Égyptien qui, ces temps-ci, a fait un complot et qui a emmené au désert 4 000 terroristes ? » Paul dit : « Moi, je suis juif, de la ville de Tarse en Cilicie. Je suis citoyen d'une ville célèbre. S'il te plaît, permets-moi de parler au peuple ! »

Le commandant le permet. Paul, debout sur les marches, fait signe de la main au peuple. Alors il y a un grand silence, et Paul leur dit dans la langue des Juifs : « Frères et pères, écoutez ce que je vais dire maintenant pour me défendre. »

Quand ils entendent Paul parler dans leur langue, ils sont encore plus calmes. Paul continue : « Je suis juif. Je suis né à Tarse en Cilicie, mais j'ai été élevé ici, à Jérusalem, et j'ai eu Gamaliel comme maître. Il m'a enseigné de façon très exacte la loi de nos ancêtres. J'étais plein d'ardeur pour Dieu, comme vous tous aujourd'hui.

« Ensuite, je suis retourné à Jérusalem. Un jour, je priais dans le temple, et le Seigneur s'est montré à moi. Je l'ai vu et il m'a dit : « Dépêche-toi, sors vite de Jérusalem ! En effet, ses habitants n'accepteront pas ton témoignage à mon sujet. » J'ai répondu : « Seigneur, ils le savent bien, j'allais dans les maisons de prière chercher ceux qui croient en toi. Je les jetais en prison et je les faisais frapper. Et quand on a fait mourir Étienne, ton témoin, j'étais là, moi aussi. J'étais d'accord avec ceux qui le tuaient et je gardais leurs vêtements. » Le Seigneur m'a dit : « Va, je t'envoie au loin, vers tous ceux qui ne sont pas juifs. »

Paul et le commandant romain

Les gens ont écouté Paul jusqu'au moment où il dit ces mots, mais maintenant, ils se mettent à crier : « Supprimez cet homme ! À mort ! Il ne mérite pas de vivre ! » Ils poussent des cris, ils jettent leurs vêtements en l'air et font voler la poussière. Alors le commandant des soldats romains donne cet ordre : « Faites entrer Paul dans la caserne et frappez-le à coups de fouet pour l'obliger à parler ! Je veux savoir pourquoi la foule crie contre lui de cette façon. » On va attacher Paul pour le fouetter. Mais à ce moment-là, il dit à l'officier qui est présent : « Vous voulez fouetter un citoyen romain que vous n'avez même pas jugé ! Est-ce que vous en avez le droit ? » Quand l'officier entend cela, il va prévenir le commandant : « Qu'est-ce que tu allais faire ! Cet homme est citoyen romain ! » Alors le commandant vient trouver Paul et lui demande : « Dis-moi, est-ce que tu es citoyen romain ? » Paul répond : « Oui. » Le commandant lui dit : « Moi, j'ai dû acheter très cher le droit de devenir citoyen romain. » Paul répond : « Et moi, je le suis depuis ma naissance ! »

Ceux qui voulaient frapper Paul pour

l'obliger à parler le laissent aussitôt. Quand le commandant se rend compte qu'il a fait attacher un citoyen romain avec des chaînes, il a peur.

ÉTUDE 17
Actes 22.30—23.24, 31-35

Une imprécation meurtrière

Paul devant le Tribunal religieux

Le commandant veut savoir de façon sûre pourquoi des chefs juifs accusent Paul. Donc, le jour suivant, il donne l'ordre aux chefs des prêtres et à tout le Tribunal religieux de se réunir. Il libère Paul de ses chaînes, il le fait amener et le place devant eux.

Paul regarde en face les membres du Tribunal et il dit : « Frères, j'ai toujours vécu pour Dieu jusqu'à maintenant et je n'ai rien à me reprocher. »

Mais le grand-prêtre Ananias commande à ceux qui sont près de Paul : « Frappez-le sur la bouche ! » Alors Paul lui dit : « C'est toi que Dieu va frapper, espèce de mur blanchi ! Tu es assis là pour me juger d'après la loi, et tu donnes l'ordre de me frapper, c'est contraire à la loi ! »

Ceux qui sont près de Paul lui disent : « Tu insultes le grand-prêtre de Dieu ! » Paul répond : « Frères, je ne savais pas que c'était le grand-prêtre. En effet, dans les Livres Saints on lit : « Tu ne diras pas de mal du chef de ton peuple. » »

Paul le sait : certains membres du Tribunal sont Sadducéens et d'autres sont Pharisiens. C'est pourquoi devant eux, il dit d'une voix forte : « Frères, je suis Pharisien et fils de Pharisien. Comme eux, j'ai l'espoir que les morts se relèveront, et c'est pour cela qu'on me juge. » Au moment où Paul dit cela, les Pharisiens et les Sadducéens se mettent à se disputer, et l'assemblée se divise en deux camps. En effet, les Sadducéens disent : « Les morts ne se relèvent pas, les anges et les esprits n'existent pas. » Mais les Pharisiens croient le contraire. Tout le monde se met à crier. Quelques maîtres de la loi du groupe des Pharisiens se lèvent et disent avec force : « Nous trouvons que cet homme n'a rien fait de mal. Un esprit ou un ange lui a peut-être parlé. »

Ils se disputent de plus en plus. Le commandant a peur qu'ils ne mettent Paul en morceaux. Alors il donne cet ordre aux soldats : « Descendez ! Faites sortir Paul du Tribunal et ramenez-le à la caserne ! »

La nuit suivante, le Seigneur se montre à Paul et dit : « Courage ! Tu as été mon témoin ici, à Jérusalem. Il faut aussi que tu sois mon témoin à Rome. »

Un piège est tendu à Paul

Le jour suivant, certains Juifs se réunissent en secret. Ils jurent devant Dieu : « Nous ne mangerons rien et nous ne boirons rien avant de tuer Paul ! » Ceux qui ont juré cela sont plus de 40. Ils vont voir les chefs des prêtres et les anciens et ils leur disent : « Voici ce que nous avons juré devant Dieu : nous ne prendrons aucune nourriture avant de tuer Paul. Maintenant donc, les autres membres du Tribunal doivent nous accompagner chez le commandant romain, et vous lui demanderez de faire venir Paul devant vous. Vous direz que vous voulez étudier son affaire de façon plus exacte. De notre côté, nous sommes prêts à le tuer avant qu'il arrive ici. »

Mais un neveu de Paul, le fils de sa sœur, entend parler de ce piège. Il va à la caserne, il entre et prévient Paul. Alors Paul appelle un des officiers et lui dit : « Conduis ce jeune homme chez le commandant : il a quelque chose à lui annoncer. »

L'officier emmène le jeune homme, il le conduit chez le commandant et dit : « Le prisonnier Paul m'a appelé, il m'a demandé de t'amener ce jeune homme. Il a quelque chose à t'annoncer. » Le commandant prend le jeune homme par la main, il l'emmène à l'écart et lui demande : « Qu'est-ce que tu as à me dire ? » Le jeune homme répond : « Certains Juifs sont d'accord pour te demander d'emmener Paul demain devant leur Tribunal. Ils diront qu'ils veulent étudier son affaire de façon plus exacte, mais ne les crois pas. En effet, plus de 40 hommes vont tendre un piège à Paul. Ils ont juré devant Dieu de ne rien manger et de ne rien boire avant de le tuer. Maintenant ils sont prêts, ils n'attendent plus que ta réponse. » Alors le commandant dit au jeune homme : « Ne raconte à personne ce que tu viens de me dire. » Puis il le laisse partir.

Paul devant le gouverneur Félix

Le commandant appelle deux de ses officiers, il leur dit : « Rassemblez 200 soldats, 70 cavaliers et 200 hommes armés. Ils doivent être prêts à partir pour Césarée à neuf heures du soir. Préparez aussi des chevaux pour conduire Paul en toute sécurité devant le gouverneur Félix. »

Les soldats font ce que le commandant leur a ordonné. Ils emmènent Paul et, pendant la nuit, ils le conduisent jusqu'à Antipatris. Le jour suivant, les soldats retournent à la caserne et ils laissent les cavaliers continuer la route. Les cavaliers arrivent à Césarée, ils donnent la lettre au gouverneur et lui amènent Paul. Le gouverneur lit la lettre et de-

mande à Paul : « De quelle région es-tu ? » Paul répond : « De Cilicie. » Le gouverneur lui dit : « Je t'interrogerai quand ceux qui t'accusent seront là. » Et il commande de garder Paul dans le palais d'Hérode le Grand.

ÉTUDE 18
Actes 25.23—26.32

Le témoignage vivant de Paul

Paul devant le roi Agrippa II

Le jour suivant, Agrippa et Bérénice arrivent avec un cortège important. Ils entrent dans la salle du tribunal, avec les chefs militaires et les notables de la ville. Festus donne un ordre, et on amène Paul. Alors Festus dit : « Roi Agrippa, et vous tous qui êtes là avec nous, regardez cet homme. Toute la foule des Juifs est venue me voir à son sujet, à Jérusalem et ici, en criant : « Il n'a plus le droit de vivre ! » Moi, je trouve qu'il n'a rien fait pour mériter la mort, mais il a fait appel à l'empereur. J'ai donc décidé d'envoyer cet homme auprès de lui. Je ne peux rien écrire de sûr à son sujet, c'est pourquoi je l'ai amené devant vous, et surtout devant toi, roi Agrippa. Interroge-le et ensuite, j'aurai quelque chose à écrire. En effet, envoyer un prisonnier sans expliquer pourquoi on l'accuse, à mon avis, cela n'a pas de sens. »

Paul se défend devant Agrippa

Agrippa dit à Paul : « Tu as le droit de te défendre. » Alors Paul fait un signe de la main et il se défend en disant : « Roi Agrippa, aujourd'hui je suis vraiment heureux de pouvoir me défendre devant toi contre toutes les accusations de mes frères juifs. En effet, tu connais très bien toutes leurs coutumes et leurs discussions. Pour cela, je te demande de m'écouter avec patience.

« Tous les Juifs connaissent ma vie depuis ma jeunesse. Ils savent comment j'ai vécu depuis le début, au milieu de mon peuple et à Jérusalem. J'étais membre du parti le plus sévère de notre religion, le parti des Pharisiens. Ils peuvent dire que c'est vrai, s'ils le veulent. En effet, ils me connaissent depuis longtemps. Et maintenant, voici pourquoi on me juge : j'espère en la promesse que Dieu a faite à nos ancêtres. Les douze tribus de notre peuple espèrent aussi que Dieu va réaliser cette promesse, et elles le servent sans cesse, nuit et jour. Roi Agrippa, moi aussi, j'espère cela. Voilà pourquoi mes frères juifs m'accusent. Vous, les Juifs, vous ne voulez pas croire que Dieu réveille de la mort. Pourquoi donc ?

« Moi-même, j'ai pensé que je devais combattre le nom de Jésus de Nazareth par tous les moyens. C'est ce que j'ai fait à Jérusalem. J'ai jeté en prison beaucoup de croyants. En effet, les chefs des prêtres m'avaient permis de le faire. Et quand on les condamnait à mort, je donnais mon accord. Je passais dans toutes les maisons de prière. Je faisais souffrir les croyants pour les forcer à insulter le nom de Jésus. J'étais vraiment fou de colère contre eux et je les poursuivais jusque dans les villes étrangères. »

Paul raconte l'appel du Seigneur au roi Agrippa

C'est ainsi qu'un jour, je suis allé à Damas. Les chefs des prêtres m'avaient envoyé là-bas avec le pouvoir d'arrêter les croyants. J'étais sur la route, roi Agrippa, et vers midi, j'ai vu une lumière qui venait du ciel. Elle était plus forte que la lumière du soleil, et elle brillait autour de moi et de ceux qui m'accompa-

gnaient. Nous sommes tous tombés par terre, et j'ai entendu une voix qui me disait dans la langue des Juifs : « Saul, Saul, pourquoi est-ce que tu me fais souffrir ? Pourquoi résistes-tu comme le bœuf sous les coups de son maître ? C'est inutile ! » J'ai demandé : « Seigneur, qui es-tu ? » Le Seigneur m'a répondu : « Je suis Jésus, c'est moi que tu fais souffrir. Maintenant debout, relève-toi ! Voici pourquoi je me suis montré à toi : je t'ai choisi pour être mon serviteur. Tu seras mon témoin pour annoncer comment tu m'as vu aujourd'hui. Tu annonceras aussi ce que je te montrerai plus tard. Je t'envoie vers ton peuple et vers les autres peuples et je te protégerai contre eux. Alors, tu vas leur ouvrir les yeux, ils sortiront de la nuit pour revenir à la lumière. Ils ne seront plus sous le pouvoir de Satan, mais ils reviendront à Dieu. S'ils croient en moi, ils recevront le pardon de leurs péchés et une place avec ceux qui appartiennent à Dieu. » »

Paul raconte ce qu'il a fait depuis Damas

Roi Agrippa, à partir de ce moment, je n'ai pas désobéi à ce que j'avais vu et qui venait de Dieu. Au contraire, voici ce que j'ai dit d'abord aux gens de Damas, puis de Jérusalem, aux habitants de toute la Judée et aux peuples qui ne connaissent pas Dieu : « Changez votre vie et tournez-vous vers Dieu. Faites de bonnes actions pour montrer que vous avez changé votre vie. » À cause de cela, les Juifs m'ont arrêté dans le temple et ils ont essayé de me tuer. Mais jusqu'à aujourd'hui, Dieu m'a toujours aidé, et je continue à être son témoin devant tous, les petits et les grands. Les prophètes et Moïse ont parlé de ce qui devait arriver, moi, je ne dis rien de plus. Je dis seulement : le Messie a souffert, il s'est levé le premier de la mort et il doit annoncer la lumière à notre peuple et aux autres peuples. »

Paul essaie de communiquer sa foi

Paul est en train de se défendre de cette façon, quand Festus se met à crier : « Paul tu es fou ! Tu as trop étudié et tu deviens fou ! » Paul lui répond : « Excellence, je ne suis pas fou, je dis des paroles sages et raisonnables. Le roi est au courant de tout cela, c'est pourquoi je parle avec assurance devant lui. Je suis sûr qu'il connaît toutes ces choses. En effet, cela n'est pas arrivé dans un endroit caché. Eh bien, roi Agrippa, est-ce que tu crois aux paroles des prophètes ? Tu y crois, je le sais. » Agrippa répond à Paul : « Bientôt, tu vas me persuader de devenir chrétien ! » Paul lui dit : « Ah, si seulement, cela arrivait, tôt ou tard, avec l'aide de Dieu ! Toi, et vous qui m'écoutez aujourd'hui, je souhaite que vous deveniez comme moi, ces chaînes en moins ! » Le roi, le gouverneur, Bérénice et ceux qui sont avec eux se lèvent. Ils sortent et se disent entre eux : « Cet homme n'a rien fait pour mériter la mort ou la prison. » Agrippa dit à Festus : « On pourrait le libérer, mais il a fait appel à l'empereur. »

ÉTUDE 19
Actes 27.1-2, 9-26, 33-44

La foi pendant la tempête

On envoie Paul à Rome

La décision est prise de nous faire partir en bateau pour l'Italie. On confie Paul et quelques autres prisonniers à un officier romain appelé Julius. Il fait partie d'un groupe de soldats au service de l'empereur. Nous montons sur un bateau de la ville d'Adra-mytte, qui doit aller vers les ports de la province d'Asie. Puis nous partons. Il y a avec nous Aristarque, un Macédonien de Thessalonique.

Mais nous avons perdu beaucoup de temps, et cela devient dangereux de continuer le voyage. En effet, le jour du jeûne de septembre est passé. Paul veut donner son avis et il dit : « Mes amis, je vois bien que le voyage va être dangereux. Le bateau et ses marchandises vont être abîmés, et nous risquons même de perdre la vie. »

Mais l'officier romain fait plus confiance au capitaine et au propriétaire du bateau qu'aux paroles de Paul. De plus, le port n'est pas bon pour y passer la mauvaise saison. Donc, presque tous les gens du bateau décident de repartir de là. Ils veulent atteindre, si possible, un port de Crète appelé Phénix. Ce port est tourné vers le sud-ouest et le nord-ouest. Ils veulent passer la mauvaise saison là-bas.

La tempête sur la mer

Un vent du sud se met à souffler doucement, et les gens du bateau croient que leur projet va réussir. Ils partent et ils essaient d'avancer le long de l'île de Crète. Mais peu de temps après, un vent de tempête, appelé « vent du nord-est », vient de l'île et il souffle très fort. Le bateau est entraîné, il ne peut pas résister au vent, et nous nous laissons emporter. Nous passons du côté abrité d'une petite île appelée Cauda. Ainsi, avec beaucoup de difficulté, nous arrivons à reprendre le canot de sauvetage. Nous le faisons remonter sur le bateau, puis les marins attachent des cordes de secours autour du bateau. Ils ont peur d'être jetés sur les bancs de sable du golfe de Libye. Alors ils lâchent dans la mer l'ancre flottante et se laissent entraîner par le vent. Le jour suivant, la tempête continue à nous secouer avec force. C'est pourquoi les marins jettent des marchandises à la mer, et le lendemain, ils font descendre dans l'eau le mât et les voiles du bateau. Pendant plusieurs jours, on ne peut pas voir le soleil ni les étoiles. La tempête reste toujours aussi forte. Nous n'espérons plus du tout être sauvés.

Nous n'avons rien mangé depuis longtemps. Alors Paul se tient debout devant tout le monde et il dit : « Mes amis, il fallait m'écouter et ne pas quitter la Crète. Vous auriez évité la tempête et vous n'auriez pas perdu les marchandises. Mais maintenant, je vous le demande : soyez courageux ! En effet, personne ne va mourir, nous perdrons seulement le bateau. Cette nuit, le Dieu à qui j'appartiens et que je sers m'a envoyé son ange. Il m'a dit : « Paul, n'aie pas peur ! Tu dois être jugé devant l'empereur, et à cause de toi, Dieu laisse en vie tous ceux qui voyagent avec toi. » Mes amis, courage ! J'ai confiance en Dieu. Oui, ce que Dieu m'a dit va arriver. Nous devons être jetés sur la côte d'une île. »

En attendant le lever du jour, Paul invite tout le monde à manger quelque chose. Il leur dit : « Aujourd'hui, cela fait 14 jours que vous attendez, et vous êtes restés sans rien manger. Je vous invite donc à prendre de la nourriture, vous en avez besoin pour être sauvés. En effet, vous ne perdrez rien, même pas un cheveu de vos têtes. »

ÉTUDE 20
Actes 28.1-31

La fin est le commencement

Paul dans l'île de Malte

Après cela, nous apprenons que l'île s'appelle Malte. Ses habitants sont très bons pour nous. Ils allument un grand feu et ils nous accueillent tous autour du feu. En effet, la pluie s'est mise à tomber et il fait froid. Paul ramasse un tas de bois mort et il le jette dans le feu. Mais une vipère sort du tas de bois à cause de la chaleur et elle s'accroche à la main de Paul. Quand les habitants de l'île voient la vipère pendue à la main de Paul, ils se disent entre eux : « Cet homme est sûrement un assassin. Il a échappé à la mer, mais la justice de Dieu ne lui permet pas de vivre. »

Alors Paul secoue la vipère dans le feu et il ne souffre pas du tout. Les autres croient que Paul va enfler ou qu'il va tomber mort tout à coup. Ils attendent longtemps, mais ils voient que rien de mal n'arrive à Paul. Alors ils changent d'avis et ils disent : « C'est un dieu ! »

Près de cet endroit, il y a la propriété du principal notable de l'île. Il s'appelle Publius. Pendant trois jours, il nous reçoit et il nous loge comme des amis dans sa maison. Le père de Publius est couché, il a de la fièvre et la dysenterie. Paul va le voir, il prie en posant la main sur sa tête et il le guérit. Alors tous les autres malades de l'île viennent voir Paul, et celui-ci les guérit. Les gens nous montrent beaucoup de respect. Quand nous partons, ils nous donnent tout ce qu'il faut pour le voyage.

Paul arrive à Rome

Au bout de trois mois, nous partons sur un bateau d'Alexandrie. C'est le « Castor et Pollux » qui avait passé la mauvaise saison dans l'île. Nous arrivons à Syracuse et nous y restons trois jours. De là, nous suivons la côte et nous allons à Reggio. Le jour suivant, le vent du sud se met à souffler, et en deux jours, nous arrivons à Pouzzoles. Dans cette ville, nous trouvons des chrétiens qui nous invitent à passer une semaine chez eux. Et voici comment nous allons à Rome. Les chrétiens de Rome ont appris que nous arrivions. Ils viennent à notre rencontre jusqu'au Marché d'Appius et aux Trois-Auberges. Quand Paul les voit, il remercie Dieu et reprend courage. Nous arrivons à Rome. On permet à Paul d'habiter dans un logement privé avec un soldat pour le garder.

Paul annonce le Royaume de Dieu

Trois jours plus tard, Paul invite les notables juifs de Rome à venir chez lui. Quand ils sont réunis, il leur dit : « Frères, je n'ai rien fait contre notre peuple, ni contre les coutumes de nos ancêtres. Pourtant, on m'a arrêté à Jérusalem et on m'a livré aux Romains. Ceux-ci m'ont interrogé et ils voulaient me libérer. En effet, ils n'avaient pas trouvé de raison pour me condamner à mort. Mais les chefs juifs n'étaient pas d'accord, et j'ai été obligé de faire appel à l'empereur romain. Pourtant, je ne veux pas accuser mon peuple. Voilà pourquoi j'ai demandé à vous voir et à parler avec vous. Vous savez ce que le peuple d'Israël espère, oui, c'est à cause de cela que je suis attaché avec ces chaînes. » Les notables juifs lui répondent : « Nous n'avons reçu aucune lettre de Judée à ton sujet. Aucun de nos frères n'est venu ici pour faire un rapport ou pour nous dire du mal de toi. Mais nous voulons que tu nous expliques toi-même ce que tu penses. En effet, nous le savons, partout il y a des gens qui disent du mal de ton groupe. »

Les notables juifs choisissent avec Paul un jour pour le rencontrer, et ce jour-là, ils reviennent le voir chez lui. Cette fois, ils sont plus nombreux. Depuis le matin jusqu'au soir, Paul leur donne des explications et il leur annonce avec force le Royaume de Dieu. Il leur parle de Jésus et il essaie de les persuader. Pour cela, il se sert de la loi de Moïse et des livres des prophètes. Les uns sont persuadés par ce qu'il dit, mais les autres refusent de croire. Au moment de partir, ils ne sont toujours pas d'accord entre eux. Paul leur dit seulement : « L'Esprit Saint avait raison quand il a dit à vos ancêtres, par la bouche du prophète Ésaïe :

Va voir ce peuple et dis-lui :
Vous entendrez bien,
mais vous ne comprendrez pas.
Vous regarderez bien,
mais vous ne verrez pas.
Oui, ce peuple ne veut pas comprendre.
Ils ont bouché leurs oreilles,
ils ont fermé leurs yeux.
Ils n'ont pas voulu voir avec leurs yeux,
entendre avec leurs oreilles,
comprendre avec leur cœur.
Ils n'ont pas voulu se tourner vers moi.
C'est pourquoi je n'ai pas pu les guérir.

Paul dit encore : « Vous devez savoir une chose : Dieu a envoyé la Bonne Nouvelle du salut à ceux qui ne sont pas juifs. Eux, ils l'écouteront ! »

Paul reste encore deux années entières dans le logement qu'il a loué, et il reçoit tous ceux qui viennent le voir. Il annonce le Royaume de Dieu et dans son enseignement, il présente le Seigneur Jésus-Christ avec beaucoup d'assurance et en toute liberté.

Le concours biblique pour enfants

Le concours biblique pour enfants est une partie facultative des *Études bibliques pour enfants*. Chaque église et chaque enfant décident s'ils participeront à la série des événements compétitifs.

Les événements du concours biblique suivent les règles ci-dessous. Les enfants n'ont pas à se mettre les uns contre les autres pour déterminer un seul gagnant. Les églises ne se mettent pas les unes contres les autres pour déterminer un gagnant.

L'objectif du concours biblique est d'aider les enfants à reconnaître ce qu'ils ont appris au sujet de la Bible, d'apprécier les événements compétitifs et de grandir dans la capacité de démontrer des attitudes et conduites chrétiennes durant les événements.

Dans le programme du concours biblique, chaque enfant s'impose un défi d'atteindre un niveau de récompense. Avec cette approche, les enfants sont interrogés pour obtenir une base de connaissances et non pas se trouver les uns contre les autres. Le concours biblique utilise des questionnaires à choix multiples permettant à chaque enfant de répondre à chaque question. Le questionnaire à choix multiples offre plusieurs réponses et l'enfant choisit la bonne réponse. Ainsi, c'est possible pour tout enfant de gagner.

LES FOURNITURES DU CONCOURS BIBLIQUE

Chaque enfant a besoin de chiffres pour le concours biblique afin de répondre aux questions. Ces chiffres sont des carrés en carton avec des onglets au sommet avec les numéros 1, 2, 3 et 4 respectivement. Les chiffres sont mis à l'intérieur d'une boîte en carton.

Les chiffres et boîtes en carton, illustrés ici, sont disponibles sur commande à partir de la Maison des Publications Nazaréennes à Kansas City dans l'état du Missouri aux Etats-Unis.

Si les boîtes en carton et les chiffres pour le concours biblique ne sont pas disponibles dans votre région, vous pouvez faire vos propres chiffres en papier, en assiettes en papier, en bois, ou ce que vous avez en réserve. Chaque enfant a besoin d'un ensemble de chiffres pour le concours biblique.

Chaque groupe d'enfants aura besoin d'une personne pour inscrire leurs réponses. Il y a une feuille de pointage à la page 172. Servez-vous de cette feuille pour noter les réponses de chaque enfant.

Si possible, offrez une récompense pour l'accomplissement des enfants à chaque épreuve du concours biblique. Les prix suggérés sont : des certificats, autocollants, rubans, trophées et médailles. Les modèles de certificats sont inclus dans les pages 169 et 170.

Veuillez suivre ces règles. Les enfants qui ne suivent pas ces règles et procédés officiels des concours bibliques ne seront pas admis à d'autres niveaux de compétition.

Les règles et procédés officiels des concours bibliques pour enfants

LES ÂGES ET CATÉGORIES

Les enfants de six à douze ans peuvent participer au concours biblique

Pour les pays autres que les Etats-Unis, les classes élémentaires sont du cours préparatoire jusqu'au cours moyen 2, ce qui inclut généralement les âges de six à douze ans.

LE CONCOURS BIBLIQUE AU NIVEAU DE BASE

Ce niveau de concours est destiné aux concurrents jeunes ou débutants. Les concurrents plus âgés qui préfèrent un concours plus facile peuvent également prendre part au niveau de base. Les questions à ce niveau-là sont simples. Il y a trois réponses pour chaque question et il y a quinze questions dans chaque manche. Le responsable du district ou de la région du concours biblique pour enfants détermine les questions et le nombre de manches à chaque concours. La plupart des compétitions du concours biblique ont deux ou trois manches.

LE CONCOURS BIBLIQUE AU NIVEAU AVANCÉ

Ce niveau de concours est destiné aux concurrents plus âgés ou expérimentés. Les concurrents plus jeunes qui préfèrent un concours plus difficile peuvent également prendre part au niveau avancé. Les questions à ce niveau-là sont plus complètes. Il y a quatre réponses pour chaque question et il y a

vingt questions dans chaque manche. Le responsable du district ou de la région du concours biblique pour enfants détermine les questions et le nombre de manches à chaque événement.

CHANGEMENT DE NIVEAU

Les enfants peuvent changer du niveau de base au niveau avancé seulement pour les concours bibliques sur invitation. De ce fait, cela aide les dirigeants et les enfants à déterminer le meilleur niveau pour chaque enfant.

Pour le concours de zone/secteur, de district et de région, le dirigeant local doit inscrire les enfants soit pour le niveau de base ou soit pour le niveau avancé. L'enfant doit participer au même niveau pour les concours de zone/secteur, de district et de région.

LES TYPES DE CONCOURS

Le concours biblique sur invitation

Un concours biblique sur invitation implique deux ou plus églises locales. Les dirigeants du concours biblique au niveau local, de zone ou de district, peuvent organiser le concours biblique sur invitation. Ceux qui organisent un tel concours sont chargés de préparer les questions pour ledit concours.

Le concours biblique de zone/secteur

Chaque district peut avoir des regroupements d'églises qui sont appelés des « zones ». Si une zone a plus de concurrents qu'une autre zone pour le concours biblique, le dirigeant du district peut séparer ou unir les zones afin de créer des secteurs avec une distribution plus équitable des concurrents. Le mot « secteur » veut dire que les zones sont unies ou séparées.

Les églises qui se situent dans chaque zone ou secteur prennent part au concours de zone ou de secteur. Le dirigeant du district organise le concours. Les questions pour les concours de zone/secteur sont des questions officielles.

Pour demander ces questions du Bureau général des concours bibliques pour enfants, envoyez un courrier électronique à *ChildQuiz@nazarene.org* .

Le concours biblique de district

Les enfants avancent du concours de zone/secteur au concours de district. Le dirigeant du district du concours biblique détermine les critères du concours et l'organise.

Les questions pour le concours de district sont des questions officielles. Pour demander ces questions du Bureau général des concours bibliques pour enfants, envoyez un courrier électronique à *ChildQuiz@nazarene.org* .

Le concours biblique de région

Le concours de région est un concours impliquant deux districts ou plus.

Quand il y a un dirigeant de la région du concours biblique, il ou elle détermine les critères du concours et l'organise. S'il n'y a pas un tel dirigeant de la région, les dirigeants des districts impliqués l'organisent.

Les questions pour le concours de région sont des questions officielles. Pour demander ces questions du Bureau général des concours bibliques pour enfants, envoyez un courrier électronique à *ChildQuiz@nazarene.org* .

Le concours biblique mondial

Toutes les quatre années, le Bureau général des concours bibliques pour enfants, en collaboration avec le ministère de l'École du Dimanche et la Formation des Disciples organisent un concours mondial. Le Bureau global des concours bibliques pour enfants détermine les dates, les lieux, les coûts, les dates de qualification et le procédé de qualification pour tout concours biblique mondial.

Envoyez un courrier électronique à *ChildQuiz@nazarene.org* pour plus d'informations.

LE DIRIGEANT DU DISTRICT DU CONCOURS BIBLIQUE

Le dirigeant du district du concours biblique gère tous les concours selon les règles et procédés officiels des concours bibliques pour enfants. Il ou elle est autorisé(e) à introduire des procédés supplémentaires pour le concours biblique dans son district, pourvu qu'ils ne soient pas en désaccord avec les règles et procédés officiels des concours bibliques pour enfants. Le dirigeant du district contacte le Bureau général des concours bibliques pour enfants, quand c'est nécessaire, pour demander un changement particulier dans les règles et procédés officiels des concours bibliques pour enfants pour son district. Le dirigeant du district du concours biblique prend des décisions pour résoudre les problèmes selon les lignes de conduite des règles et procédés officiels des concours bibliques pour enfants. Il ou elle contacte le Bureau général des concours bibliques pour enfants pour une décision officielle sur une question particulière, si besoin en est.

LE DIRIGEANT DE LA RÉGION DU CONCOURS BIBLIQUE

Le dirigeant de la région du concours biblique forme une équipe régionale pour les concours bibliques pour enfants, y compris tout dirigeant de concours bibliques des districts de sa région. Celui-ci reste en contact avec cette équipe pour assurer que les procédés soient uniformes dans la région. Il ou elle gère et organise les concours régionaux selon les règles et procédés officiels des concours bibliques pour enfants. Il ou elle contacte le Bureau général pour demander un changement particulier dans les règles et procédés officiels des concours bibliques pour enfants pour sa région. Il ou elle résout tout conflit qui survient selon les lignes de conduite des règles et procédés officiels des concours bibliques pour enfants. Il ou elle contacte le Bureau général des concours bibliques pour enfants pour une décision officielle sur une question particulière, si besoin en est. Il ou elle contacte le Bureau général des concours bibliques pour enfants afin que le date du concours régional soit notée sur le calendrier de l'église générale.

Aux Etats-Unis et au Canada, le dirigeant de la région du concours biblique a un rôle en voie de développement. Présentement, celui-ci ne préside pas les dirigeants des concours bibliques des districts sur la région.

LE MENEUR DE JEU

Le meneur de jeu lit les questions du concours biblique. Celui-ci lit la question et les réponses à choix multiples deux fois avant que les enfants répondent à la question. Il ou elle suit les règles et procédés officiels des concours bibliques pour enfants établis par le Bureau général des concours bibliques pour enfants et le dirigeant du district ou de la région du concours biblique. En cas de conflit, l'autorité définitive reste chez le dirigeant du district ou de la région du concours biblique qui consulte les règles et procédés officiels des concours bibliques pour enfants. Le meneur de jeu peut discuter avec les compteurs de points et le dirigeant du district ou de la région concernant une objection. Le meneur de jeu peut annoncer un temps mort.

LE COMPTEUR DE POINTS

Le compteur de points note les réponses d'un groupe d'enfants. Il ou elle peut discuter avec d'autres compteurs de points et le dirigeant du district ou de la région du concours biblique concernant une objection. Tous les compteurs de points doivent utiliser la même méthode et les mêmes symboles pour assurer une synthèse correcte des points.

LES QUESTIONS OFFICIELLES DU CONCOURS

Le dirigeant du district du concours biblique est la seule personne de chaque district qui peut obtenir une copie des questions officielles des concours de zone/secteur et de district.

Le dirigeant de la région du concours biblique est la seule personne de la région qui peut obtenir une copie des questions officielles des concours régionaux. S'il n'y a pas un dirigeant de la région, un seul dirigeant de district impliqué peut les obtenir.

Les formulaires de commande pour les questions officielles seront envoyés par courrier électronique chaque année. Contactez le Bureau général des concours bibliques pour enfants à *ChildQuiz@nazarene.org* pour mettre à jour votre adresse électronique. Ceux qui demandent les questions officielles les recevront par courrier électronique.

LES MÉTHODES DU CONCOURS

Il y a deux méthodes de concours.

La méthode individuelle

Avec la méthode individuelle de concours, les enfants sont en compétition en tant qu'individus. Le score de chaque enfant est indépendant. Les enfants d'une église peuvent s'asseoir ensemble, mais les scores des enfants ne sont pas additionnés pour trouver un score d'église ou d'équipe. Il n'y a pas de questions bonus pour les concurrents.

La méthode individuelle est la seule méthode qui peut être utilisée dans le concours au niveau de base.

La méthode combinée

La méthode combinée s'agit des individus aussi bien que des équipes. Avec cette méthode, les églises peuvent envoyer des concurrents individuels, des équipes ou une combinaison des deux pour le concours.

Le dirigeant du district du concours biblique détermine le nombre d'enfants qu'il faut pour former une équipe. Toute équipe doit avoir le même nombre de concurrents. Le nombre recommandé est de quatre ou cinq.

Les enfants venant des églises avec un nombre insuffisant de concurrents pour former une équipe peuvent participer en tant qu'individus.

Avec la méthode combinée, les équipes ont droit aux questions bonus. Les points gagnés pour les bonnes réponses aux questions bonus sont ajoutés au score total de l'équipe, au lieu d'un score individuel. Il y a des questions bonus avec les questions officielles pour les concours de zone/secteur, de district, et de région. Normalement les questions bonus demandent qu'on récite un verset à retenir.

Le dirigeant du district du concours biblique choisit la méthode individuelle ou la méthode combinée pour le niveau avancé du concours.

LES MATCHS NULS

On ne met jamais fin aux matchs nuls, ni entre concurrents individuels ni entre équipes. Tout concurrent individuel ou équipe avec un match nul gagne la même reconnaissance, le même prix et le même droit de jouer au prochain niveau du concours.

LES QUESTIONS BONUS

Les questions bonus sont employées au niveau supérieur, mais seulement avec les équipes, jamais avec les concurrents individuels. Les équipes doivent gagner le droit à la question bonus. Les questions bonus se produisent après les questions 5, 10, 15 et 20.

Afin de gagner le droit à la question bonus, une équipe ne peut pas avoir plus de réponses incorrectes que le nombre de membres de l'équipe. Par exemple, une équipe de quatre membres peut avoir quatre réponses incorrectes ou moins. Une équipe de cinq membres peut avoir cinq réponses incorrectes ou moins.

Les points bonus gagnés pour une bonne réponse sont ajoutés au score total de l'équipe, et non le score d'un concurrent individuel.

Le dirigeant du district du concours biblique détermine comment les enfants répondent aux questions bonus. Normalement l'enfant donne verbalement la réponse au compteur de points.

Avant la lecture de la question bonus, le dirigeant local du concours biblique choisit un membre de l'équipe pour répondre à la question bonus. Le même enfant peut répondre à toute question bonus au concours, ou bien un autre enfant peut répondre à chaque question bonus.

LES TEMPS MORTS

Le dirigeant du district du concours biblique détermine le nombre de temps morts pour chaque église. Chaque église reçoit le même nombre de temps morts, peu importe le nombre de concurrents individuels ou d'équipes de cette église. Par exemple, si le dirigeant du district décide de donner un temps mort, chaque église reçoit un seul temps mort.

Le dirigeant du district du concours biblique détermine si et quand un temps mort obligatoire se produira pendant le concours.

Le dirigeant local du concours biblique est la seule personne qui peut annoncer un temps mort pour une équipe de l'église locale.

Le dirigeant du district du concours biblique ou le meneur de jeu peut annoncer un temps mort à tout moment.

Le dirigeant du district du concours biblique, avant le début du concours, détermine la durée maximum des temps morts pour le concours.

LA NOTATION

Il y a deux méthodes de notation. Le dirigeant du district du concours biblique choisit la méthode.

Cinq points

• Décernez cinq points pour toute bonne réponse. Par exemple, si un enfant répond sans faute à vingt questions pendant une manche au niveau avancé, il ou elle gagne cent points.

• Décernez cinq points pour toute bonne réponse bonus pendant une manche au niveau avancé avec équipes. Par exemple, si tout membre d'une équipe de quatre personnes répond sans faute à vingt questions pendant une manche au niveau avancé et l'équipe répond sans faute à quatre questions bonus, l'équipe gagne 420 points.

Les points au niveau de base sont moins élevés, comme il n'y a que quinze questions par manche, et il s'agit de la méthode individuelle seulement.

Un point

• Décernez un point pour toute bonne réponse. Par exemple, si un enfant répond à vingt questions correctement pendant une manche au niveau avancé, il ou elle gagne vingt points.

• Décernez un point pour toute bonne réponse bonus pendant une manche au niveau avancé avec équipes. Par exemple, si tout membre d'une équipe de quatre personnes répond correctement à vingt questions pendant une manche au niveau avancé et l'équipe répond correctement à quatre questions bonus, l'équipe gagne quatre-vingt-quatre points.

Les points au niveau de base sont moins élevés, comme il n'y a que quinze questions par manche, et il s'agit de la méthode individuelle seulement.

LES OBJECTIONS

Les objections doivent être l'exception, et se font rarement pendant un concours.

Faites une objection seulement si la réponse notée comme correcte dans les questions soit en fait incorrecte selon la référence biblique de cette question. Les objections faites pour toute autre raison sont nulles.

Aucun concurrent, aucun dirigeant du concours biblique, ou autre participant au concours ne peut faire une objection parce qu'il n'aime pas la formulation d'une question ou d'une réponse, ou parce qu'il pense qu'une question est trop difficile ou pas assez claire.

Le dirigeant local du concours biblique est la seule personne qui peut faire une objection à une question du concours.

Si quelqu'un, autre que le dirigeant local du concours biblique, essaie de faire une objection, ladite objection est immédiatement déclarée nulle.

Les personnes qui font des objections nulles perturbent le concours et provoquent la distraction parmi les enfants. Les personnes qui continuent à faire des objections nulles ou qui causent des problèmes refusant les décisions aux objections perdront le privilège de faire des objections pour la durée du concours.

Le dirigeant du district du concours biblique, ou le meneur de jeu en l'absence du dirigeant, est autorisé d'enlever le privilège de faire les objections de toute personne qui abuse le privilège.

Le dirigeant du district du concours biblique détermine comment faire une objection à une question avant le début du concours.

• L'objection sera faite à l'écrit ou à l'orale ?

• A quel moment peut-on faire une objection (pendant une manche ou à la fin) ?

Le dirigeant du district du concours biblique doit expliquer aux dirigeants locaux le procédé pour faire une objection au début de l'année du concours biblique.

Le meneur de jeu et le dirigeant du district du concours biblique suivent ces étapes pour juger les objections :

• Déterminez si l'objection est fondée ou non. Pour le faire, écouter la raison de l'objection. Si la raison est bonne, c'est-a-dire la réponse notée comme correcte est en fait incorrecte selon la référence biblique, suivez le procédé d'objection indiqué par le district.

• Si la raison pour l'objection n'est pas bonne, annoncez ce fait, et le concours continue.

Si plus qu'une personne fait une objection à la même question, le meneur de jeu ou le dirigeant du district sélectionne un dirigeant local pour expliquer la raison de l'objection. Après qu'une objection sur une question soit faite, personne ne peut faire une autre objection à la même question.

Si l'objection est fondée, le dirigeant du district du concours biblique, ou le meneur de jeu en l'absence de ce dernier, détermine comment faire face à la question protestée. Sélectionnez une des options suivantes :

Option A : Eliminer la question protestée sans la remplacer. Ainsi une manche de vingt questions devient une manche de dix-neuf questions.

Option B : Donner à chaque enfant les points qu'il ou elle recevrait pour une bonne réponse à la question protestée.

Option C : Remplacer la question protestée. Poser aux concurrents une autre question.

Option D : Les enfants qui ont donné la réponse notée comme correcte dans les questions officielles sont permis de garder leurs points. Poser une autre question aux enfants qui ont donné une réponse incorrecte.

LES NIVEAUX DE PRIX

L'esprit du concours biblique pour enfants est que chaque enfant a l'occasion de répondre à toute question, et que chaque enfant gagne une reconnaissance pour toute bonne réponse donnée. Donc, le concours biblique pour enfants implique un concours à choix multiples, et on ne met jamais fin aux matchs nuls.

Les enfants et les églises ne font pas concurrence les uns avec les autres. Ils font concurrence pour obtenir un niveau de prix. Tout enfant et toute église qui atteignent le même niveau de prix reçoivent le même prix. On ne met jamais fin aux matchs nuls.

Les niveaux de prix conseillés :
- Prix de bronze = 70-79% des réponses correctes
- Prix d'argent = 80-89% des réponses correctes
- Prix d'or = 90-99% des réponses correctes
- Prix d'or cinq étoiles = 100% des réponses correctes

Trouvez une solution pour toutes les questions et objections avant la présentation des prix. Le meneur de jeu et les compteurs de points doivent s'assurer que tous les scores sont exacts avant la remise des prix.

Ne jamais enlever un prix d'un enfant après qu'il ou elle l'a reçu. S'il y a une erreur, un enfant peut recevoir un prix plus élevé mais jamais un prix plus bas. Cette règle est en vigueur pour les prix individuels ainsi que pour les prix d'équipes.

L'ÉTHIQUE DU CONCOURS

Le dirigeant du district du concours biblique est celui qui est chargé de gérer les concours selon les règles et procédés officiels des concours bibliques pour enfants.

- **Auditionnez les questions avant le concours.** Bien que les concours emploient les mêmes questions, il n'est pas correct que les enfants ou les aides assistent à un autre concours de zone/secteur, de district ou de région avant de participer à leur propre concours du même niveau. Si un aide assiste à un autre concours, le dirigeant du district du concours biblique peut interdire à l'église de participer à leur concours. Si un parent ou un enfant assiste à un autre concours, le dirigeant du district du concours biblique peut interdire à l'église de participer à leur concours.

- **La conduite et les attitudes des aides.** Les adultes doivent se conduire d'une manière professionnelle et chrétienne. Les discussions entre désaccords entre le dirigeant du district du concours biblique, le meneur de jeu ou les compteurs de points doivent être faites en privé. Les aides du concours biblique ne doivent pas révéler d'informations à propos des désaccords avec les enfants. Un esprit de coopération et le sens du fair-play sont importants. Les décisions et les jugements du dirigeant du district du concours biblique sont définitifs. Transmettez ces décisions aux enfants et aux adultes avec un ton positif.

TRICHER

La triche est une fraude. Traitez-la sérieusement.

Le dirigeant du district du concours biblique, en accord avec la commission des Ministères auprès des enfants, détermine la politique à suivre dans le cas où un enfant ou un adulte triche pendant un concours.

Assurez-vous que tout dirigeant local des ministères auprès des enfants, tout pasteur d'enfants et tout dirigeant local du concours biblique reçoive le politique et le procédé du district.

Avant d'accuser un adulte ou un enfant de tricher, obtenez des preuves ou un témoin qu'une triche est survenue.

Assurez-vous que le concours ne soit pas interrompu, et que la personne accusée ne soit pas embarrassée devant les autres.

Voici un procédé à titre d'exemple :

- Si vous soupçonnez qu'un enfant a triché, demandez à quelqu'un de le ou la surveiller, mais ne signaler pas à l'enfant qu'il ou elle est suspect. Après quelques questions, demandez à celui qui a fait la surveillance son opinion. Si rien n'a été vu, continuez avec le concours.

- Si celui qui a fait la surveillance a vu un enfant tricher, demandez qu'il ou elle l'affirme. N'agissez pas avant que tout le monde soit sûr.

- Expliquez le problème au dirigeant local du concours biblique afin qu'il puisse parler en privé avec la personne accusée.

- Le meneur de jeu, celui qui a surveillé et le dirigeant local du concours biblique doivent continuer à voir si la triche continue.

- Si la triche continue, le meneur de jeu et le dirigeant local du concours biblique doivent parler en privé avec la personne accusée.

- Si la triche persiste, le meneur de jeu doit dire au dirigeant local du concours biblique que le score de l'enfant sera éliminé de la compétition officielle.

- Au cas où un compteur de points ait triché, le dirigeant du district du concours biblique lui demandera de céder sa place. Un nouveau compteur de points le remplacera.

- Au cas où un membre du public ait triché, le dirigeant du district du concours biblique fera face à la situation d'une manière aussi appropriée que possible.

LES DÉCISIONS NON RÉSOLUES

Consultez le Bureau général des concours bibliques pour enfants à propos des décisions non résolues.

CERTIFICAT D'ACCOMPLISSEMENT

présenté à

Félicitations pour avoir complété avec succès

Les études bibliques pour enfants : Actes

CERTIFICAT D'EXCELLENCE

présenté à

_____
NOM

Excellent travail ! Nous reconnaissons votre remarquable réussite !

Les études bibliques pour enfants : Actes

_____
DATE

_____
LIEU

_____
ENSEIGNANT (E)

REGISTRE DE PRÉSENCE

Écrivez les noms des enfants dans les boîtes ci-dessous. Marquez un "X" dans la boîte de chaque étude où l'enfant est présent. Vous pouvez copier cette page si vous avez besoin de plus de place.

NOM	1	2	3	4	5	6	7	8	9	10	11	12	13	14	15	16	17	18	19	20

FEUILLE DE POINTS

Instructions: pour les questions de 1 à 15. Le niveau avancé se sert des questions de 1 à 20. Voir les règles et procédés officiels des concours bibliques pour enfants pour plus de détails.

Nom de l'église/équipe: _____

Noms: _____

1° TOUR	1	2	3	4	5	6	7	8	9	10	11	12	13	14	15	16	17	18	19	20		Somme

BONUS _____ TOTAL

Noms: _____

2° TOUR	1	2	3	4	5	6	7	8	9	10	11	12	13	14	15	16	17	18	19	20		Somme

BONUS _____ TOTAL

Noms: _____

3° TOUR	1	2	3	4	5	6	7	8	9	10	11	12	13	14	15	16	17	18	19	20		Somme

BONUS _____ TOTAL

Merci!

Merci à tous ceux qui ont contribué au projet de l'offrance missionnaire des Enfants atteignant les enfants en 2008-2009 : Le Défi du décodage. Vos dons ont rendu possible Les Études pour Enfants pour six livres : 1 et 2 Samuel ; Actes des Apôtres ; Genèse ; Exode et Josué, Juges et Ruth.

Chaque année les enfants provenant de plus de mille organisations locales à travers le globe donnent pour ce projet. En plus de l'argent receuilli envers Les Études pour Enfants, les Enfants atteignant les enfants ont un impact sur les enfants tout autour du monde de manières étonnantes. Cette offrande spéciale est bien reconnue. C'est vraiment une façon pour des enfants d'aider des enfants.

Voici une mise à jour des autres projets que vous supportez à travers les Enfants atteignant les enfants :

Les Enfants atteignant les enfants : *Le projet Espérance* (2009-2010) :

- Fournir des besoins de base pour les enfants au Centre de Compassion à Herstelling en Guyane britannique.

- Aider le programme pour les projets des repas chauds et de l'eau potable en Haiti.

- Prendre soin des orphelins ayant le sida ainsi que les enfants frappés par un mal physique en Afrique.

- Apporter de l'espérance aux familles et aux enfants handicappés au Tonga.

- Aider les enfants et familles affectés par le tremblement de terre d'ampleur de 8.0 au Japon.

- Aider les orphelins à Vidrare en Bulgarie.

- Aider les enfants démunies du centre-ville par l'intermédiaire de la promesse urbaine à Cincinnati en Ohio aux États-Unis.

Les enfant atteignant les enfants : Mission STAR Quest (2010-2011)

Supporter les efforts pour trouver des solutions à la pauvreté au Centre de l'Espérance en Afrique du Sud.

- Éduquer les enfants et familles au Mozambique par l'intermédiaire du programme de l'évangélisation de santé communautaire.

- Acheter des ordinateurs et pupitres pour les écoles chrétiennes au Moyen-Orient.

- Permettre aux enfants à l'école nazaréenne à Beyrouth au Liban d'avoir de la chaleur et électricité disponibles.

- Aider dans les efforts du Centre Amador de la rue Espérance à Villajo en Californie aux États-Unis.

- Aider à la reconstruction des églises et écoles en Haiti et la République Dominicaine touchées par les cyclones.

Cette liste est juste une partie de tout ce que les Enfants atteignant les enfants font pour les enfants à travers le monde. Pendant 2011-2012, les enfants sont en train de faire une collecte de fonds par *Ses Mains : Jésus, les miracles et les soins médicaux et moi-même.* L'argent receuilli à travers cette offrande va aider à prendre soin des besoins médicaux pour les enfants et familles. Tous les profits vont être répartis d'une façon égale parmi les six régions du monde Nazaréen. Joignez-nous pendant que nous nous unissons en Jésus-Christ pour apporter l'espérance à notre monde.

Pour des informations additionnelles au sujet des Enfants atteignant les enfants, et pour supporter *Ses mains* et les efforts d'offrandes dans le futur, contactez votre représentatif du Ministère de l'École du Dimanche et de la Formation des Disciples. De même, visitez notre site Web à *www.kidsreachingkids.com.*

TABLE DE MATIÈRES

*9 7 8 1 5 6 3 4 4 7 3 5 8 *